U0863679

家庭是人生的第一个课堂，父母是孩子的第一任老师。广大家庭都要重言传、重身教，教知识、育品德，身体力行、耳濡目染，帮助孩子扣好人生的第一粒扣子，迈好人生的第一个台阶。

——摘自习近平总书记在第一届全国文明家庭表彰大会上的讲话

0岁孩子的发展手册

0岁父母的成长手册

中国“家庭·家教·家风”教育丛书

0岁孩子 0岁父母

0~1岁

北京师范大学家庭教育课题组◎著

中国出版集团公司
现代教育出版社

图书在版编目 (CIP) 数据

0 岁孩子　0 岁父母 / 北京师范大学家庭教育课题组著 . -- 北京 :
现代教育出版社 , 2017.4 (2017.10 重印) (中国“家庭 · 家教 · 家风”教育丛书)
ISBN 978-7-5106-5033-8

Ⅰ . ① 0… Ⅱ . ①北… Ⅲ . ①婴幼儿 – 家庭教育 Ⅳ . ① G781

中国版本图书馆 CIP 数据核字 (2017) 第 048092 号

0 岁孩子　0 岁父母 (0 ~ 1 岁)

作　　者　北京师范大学家庭教育课题组
出 品 人　陈　琦
总 策 划　李　静
责任编辑　赵延芹　张一莹
封面设计　赵歆宇
出版发行　现代教育出版社
地　　址　北京市朝阳区安华里 504 号 E 座
邮　　编　100011
电　　话　010-64246373(编辑部) 010-64256130(发行部)
传　　真　010-64251256
印　　刷　北京佳信达欣艺术印刷有限公司
开　　本　889mm × 1194mm　1/16
印　　张　16
字　　数　200 千字
版　　次　2017 年 4 月第 1 版
印　　次　2017 年 10 月第 4 次印刷
书　　号　ISBN 978-7-5106-5033-8
定　　价　39.00 元

专家推荐序

家庭　家教　家风

家庭教育，即“人之初”的教育，是儿童接受教育的重要途径，是实现他们社会化的必由之路，在儿童形成良好的思想品德和行为习惯方面起着“形塑”的作用，在培养儿童的社会适应性方面发挥着决定性的作用。因此，家庭教育历来受到人们的高度重视。

当前，市场经济的发展，不仅对家庭教育产生了巨大的影响，而且也对其提出了新的要求，于是家庭教育中出现了许多前所未有的新情况、新问题和新课题。长期以来，家庭教育的思想观念和方式方法几乎都是从父辈的“武器库”里继承而来。在过去，这种做法尚行得通。在社会急剧变革的今天，社会生活发生了深刻的变化，如果还全盘照抄传统的家庭教育的思想和模式，恐怕就行不通了。父母们受“望子成龙”的心态所驱，对子女的期望过高，急于求成，往往被子女教育中的诸多问题困扰。不少家长反映：老方法不灵，新方法不明。在教育子女的过程中束手无策，一筹莫展，迫切希望得到有效的指导。

广大家长急需理论和实践指导的需求无形中造就了巨大的市场。有些从未从事过任何教育实践、根本不懂得家庭教育理论的“门外汉”，用商人的眼光发现了家庭教育这个潜力巨大的市场，便趋之若鹜，纷纷投身到这个行当中来，通过商业的“炒作”和媒体的“忽悠”，摇身成为“家庭教育专家”，或是洋洋洒洒地做家庭教育指导，或是像“氽丸子”一样著书立说。如今，市场上家庭教育指导方面的书籍琳琅满目、五花八门。但真正有价值的家庭教育著作却凤毛麟角。那些家庭教育科学普及的图书，绝大多数是“急就篇”“拼凑篇”“绝招篇”“经验篇”，在科学性和实用性上存在严重问题，给许多家长造成思想混乱，令人担忧。基于此，许多家长希望有人编写真正科学、系统的家庭教育读物，以正视听，以便把家庭教育建立在科学的基础之上。

当今时代，人们的心态比较浮躁。这种心态同样也反映在家庭教育的理论研究和实践指导上。许多理论工作者和实践指导者缺乏“板凳甘坐十年冷”的精神，急于出成果，见经济效益，结果在汹涌澎湃的市场经济大潮中失去了自我、迷失了方向。他们不是在理论研究上下“真功夫”和“苦功夫”，而是把功夫都用在了“商业炒作”和“创品牌”上；不是把社会效益放在首位，而是看重经济效益。

令人高兴的是，还有一批具有高度责任感、拥有真才实学的学者，没有辜负社会和万千家长的热切期望。他们深入实际调查研究，沉下心来认真钻研家庭教育的理论问题，探索家庭教育的规律，尽自己所能，为发展和繁荣我国的家庭教育事业奉献一份力量。以尚立富为首的北京师范大学家庭教育课题组，以“从夫妻、家庭、社会多元视角，探索中国本土家庭教育模式”为宗旨，以“引导父母学会观察、理解不同年龄段孩子身心发展规律的知识、现象及技巧，同步提升为人父母的能力与技巧，与孩子同步发展”为目的，研发了中国“家庭·家教·家风”教育丛书。我很高兴看到他们能根据家长和社会的需求研发这样一套作品。

该丛书依托于儿童教育学、儿童心理学和社会学的学科知识，提点出不同场域中成人对孩子的影响，将家风建设很好地融合在整套书中，从孩子、夫妻、家庭和社会这四个维度探讨父母对孩子的教育。它不是单纯的说教，也不是与大家分享借鉴性不大的个人育儿经验，而是系统地提出了一种全新的育儿理念。我相信，在多学科理论知识和多维度基础上编写的这套丛书，一定会对家长们有所启发。

特此推荐，是为序。

赵忠心

中国教育学会家庭教育专业委员会名誉理事长

中国家庭教育学会原副会长

2017 年 3 月 20 日

前言

不误会孩子　不误导父母

《2014中国城乡家庭教育现状白皮书》对10.83万名中小学生、幼儿园幼儿及家长进行了问卷调查。数据显示，不知道教育方法的家长占37.82%，没时间教育孩子的家长占26.19%。超过一半的家长表示，当孩子出现问题时，希望能得到专业帮助，并且有81.4%的家长认为家庭教育有很多学问，需要学习和培训。然而，目前社会能提供给家长系统学习家庭教育理念及方法的渠道还不足以满足家长的现实需求。其中，家长通过书籍学习的占30.53%，自己摸索的占21.85%，朋友交流的占18.01%，从媒体获取知识的占13.16%，从家长会渠道获取的占12.71%。调查显示，89.09%的家长已经意识到孩子身上表现出的问题源于家庭教育。

当今，我们为什么需要高质量的家庭教育？而且这件事又显得那么急迫？每个家长提起孩子都或多或少显得无奈和手无举措，到底是哪里出了问题？

教育源于家庭，在我国传统的社会家庭中，父母的教养更多的是告诉孩子做人必须坚守的道理和原则，并为孩子提供一些物质方面的供给。那时的社会环境和家庭条件给了孩子很大的发展空间，孩子的很多意识习惯、行为规范都是在父母的言传身教，以及与兄弟姐妹、亲戚朋友、左邻右舍之间的游戏、交往和日常生活中完成的，逐渐长成为有着自己的兴趣和爱好、有着自己坚持的生活态度和原则、也有着自己引以为豪的进步和成就的社会人。

如今，中国社会仍处于转型期，人口流动量大，城镇化快速发展，独生子女的一代逐渐成了新一代的人父人母，这让存在于生活中的真实的朋友圈越来越狭窄，每个小家庭关上了门就“与世隔绝”。这给新一代的年轻父母在教养子女方面带来了很大的困惑，他们认为“生存就必须具有强大的竞争力，所以孩子就应该从小教育，而且越小投资对孩子未来发展越好……”。

于是，胎教、早教、兴趣班、艺术教育、外语教育等各种为孩子未来投资的活动开始了，父母害怕在竞争激烈的今天自己的孩子输在起跑线上，“义无反顾”地替孩子做主，让孩子从小走进技能和知识的世界，满心欢喜地为他们关闭了意识态度、行为习惯养成的大门。然而，仅存下来的对孩子社会适应能力的说教，远不够帮助他们处理好各种社交问题。育儿问题带来的焦虑更让家长们深陷亲子关系、夫妻关系及隔代关系的矛盾中，结果则是传统的社会人伦关系被抛弃，最终让我们生活在无序的生活中。

无序的生活又怎能熏陶和培育出一个有序的孩子？我们到底应该怎样做，才能客观地认识孩子发展的科学规律，发现并给予他们最好的引导，创建积极、稳定、有序的家庭环境，让孩子更好地去适应未来的生活？

基于我们国家的家庭教育的现状，这套丛书从四个维度进行了研究和梳理：

第一部分：儿童。帮助父母了解儿童在不同年龄阶段的发展特点和规律，减轻不必要的育儿焦虑，不再被孩子出现的问题所迷惑。

第二部分：父母。帮助父母了解不同年龄阶段儿童的教养原则，掌握儿童发展的各个关键期及关键引导方法，梳理家庭教育的热点、难点问题，帮助家长成为有辨别力的教养行家。

第三部分：家庭。帮助家长重新认识家庭的教育力量及意义，正确处理家庭中的夫妻、亲子、同胞及隔代关系，营造积极、有序、适宜的家庭物质环境及心理环境，让儿童在良好的家庭文化中健康成长。

第四部分：社会。帮助家长正确认识儿童社会化发展的意义及规律，掌握在日常生活中提升儿童社会适应力的途径及方法，敏锐发掘并合理利用社会资源，让孩子在游戏和同伴交往中习得社会规范，成为一个自信、懂事、善良、被大家喜欢的孩子，为儿童逐步适应社会生活奠定基础。

本套丛书是为广大家长朋友提供的一套依据儿童发展特点制订的家庭教育指南，有以下几个特点：

1. 多学科的知识性、科学性和全面性：客观、科学、全面地从生理、心理、家庭、社会等多学科的角度来解读儿童成长的特点。

2. 以人为本，坚持儿童发展的原则：以儿童的自身发展需要为前提，兼顾社会要求，从儿童的现实生活和成长需要出发，解决儿童成长过程中可能出现的各种发展性问题。同时，注重儿童能力的培养，如生活自理能力、动手能力、反思能力、人际交往能力、良好行为习惯和良好性格的培养等。

3. 教育理念及方法的先进性：将我国传统的家教文化和西方开放的教育理念相结合，注重儿童主动性和创造力培养的同时，将孝心、感恩等优秀的家教门风渗透到日常生活的教养之中。将儿童发展的重要性与父母成长的必要性相结合，帮助家长树立正确的儿童观、家庭观和发展观，成为更加优秀的自己，真正减轻家长的育儿焦虑。

4. 通俗易懂的可操作性：化理论知识为育儿常识，说出父母心中的真实所感、所想、所惑，并用简单易懂的语言讲述最有效、最便捷的教育建议及方法。

随着儿童年龄的不断增长，《N岁孩子　N岁父母》（0～6岁）这套书，希望可以伴随新一代的年轻父母，不断学习、观察、发现、理解儿童成长的一点一滴。与此同时，也希望可以伴随着父母们在一点一滴中同步提升自己为人父母的能力与技巧，成为与孩子同步发展进步的爸爸妈妈。

我们一直坚持着这样的理念开发了本套丛书：（1）不误会孩子：爱TA，就要理解TA；（2）不误导父母：爱TA，就要帮助TA。通过这套丛书，我们希望不仅可以帮助父母们获得家庭教育的相关知识，更希望经过多年的共同努力、共同成长，探索出适用于我国本土经验的，具有实践指导意义的家庭教育指导手册。

北京师范大学家庭教育课题组

2017.3.10

注：北京师范大学家庭教育课题组，是以儿童心理学、教育学、家庭教育学、社会学等多领域的跨学科理论为指导，以当前中国家庭教育的相关政策及实际问题为指向，致力于中国本土化的家庭教育研究，服务于家教体系完善、家教实践指导及家教政策倡导的专业研究团队。

尚立富博士，北京师范大学家庭教育课题组发起人，中国公益教育研究所所长。1998 年至今，关注并从事西部农村教育、公益教育等领域研究近 20 年，著有纪实报告《苦乐之旅》《行走西部》《隐痛与希望》等，主编教材《小学公益教育实践教程（1 ～ 6 年级）》。

本课题组联系方式：jiatingjiaoyu@bnu.edu.cn。

0 ～ 1 岁孩子发展的关键特征

年龄	领域		
	身体和动作	认知和语言	社会性和情绪
出生至5月龄	● 身高和体重迅速增长 **大动作** ● 抬头 ● 扶坐 ● 翻滚 **精细动作** ● 注视并伸手够东西 ● 控制手部和手指 ● 抓握物体 ● 传递（倒手）	● 注视人脸和物体 ● 重复带来有趣结果的动作（如在风铃摆动时踢它） ● 有识别熟悉的人脸、地方和物体的倾向 ● 对语言有反应，哭或者发出咿呀声 ● 能够发出带有元音和辅音等一串声音 ● 模仿发声	● 微笑，用笑来回应或诱发回应 ● 模仿成人的表达 ● 对熟悉的人更主动回应 ● 对人的回应比对物体多 ● 开始逗笑 ● 不高兴时会哭 ● 有情绪表现，如惊喜、害怕和愤怒

（续）

年龄	领域		
	身体和动作	认知和语言	社会性和情绪
5至11月龄	***大动作*** ○独坐自如 ○爬 ○扶站 ○独站，缓走 ○走几步 ***精细动作*** ○指尖抓握 ○双手协调	○表现出因果意识，会重复某一动作去诱发结果 ○模仿简单的动作，如摆手再见 ○表现出客体永久性：寻找物体或人，当它们消失时会表现出不满；玩具滚到某些物体后面时知道移开物体寻找玩具 ○理解一些简单的词语，听到某一物体的名称时会用目光去寻找这一物体 ○能正确完成简单的要求（如“亲亲妈妈”） ○能说出第一个词	○参与互动游戏，如躲猫猫 ○区分熟悉的人和陌生人，产生陌生人焦虑 ○意识到养育者的不同情绪 ○与养育者形成依恋 ○把养育者作为安全基地 ○产生分离焦虑 ○与其他儿童互动，可能去触摸他们，有声音交流或互换玩具 ○对他人的痛苦有回应

（续）

年龄	领域		
	身体和动作	认知和语言	社会性和情绪
11至12月龄	***大动作*** ● 能独立站 ● 会走，但更喜欢爬 ● 能爬上爬下楼梯 ● 能爬出婴儿床 ***精细动作*** ● 能同时用双手拿不同的物品 ● 能灵活地使用拇指 ● 表现出左（右）利手 ● 能自己脱衣服、脱鞋	● 能很快找出藏起来的物品 ● 记忆力提高 ● 能有效地使用尝试错误的方法 ● 探索解决问题的新方法 ● 先思后行 ● 能模仿不在场的人 ● 理解词语代表哪种物品 ● 发音开始像其父母所说的语言（使用同样的声音和声调） ● 使用手势来表达自己 ● 能说 2~8 个词	● 表现出多种情绪，并对他人的情绪做出反应 ● 害怕陌生人和新环境 ● 能表达喜爱之情 ● 能表达心境和偏好 ● 了解自己的所有物与他人的所有物之间的差异 ● 自己吃饭 ● 在帮助下能自己穿衣 ● 遵守命令 ● 会寻求成人的同意，但并不总是合作

目 录

第二部分

第一部分

读懂你的 0 岁孩子

第 1 章　小小身体大大能量
——0 岁孩子的身体及运动发展

第 2 章　我的世界你是否懂
——0 岁孩子的认知与能力发展

第 3 章　我的快乐与忧伤
——0 岁孩子的情绪与个性发展

第 4 章　“你看起来很好吃”
——0 岁孩子的社会性发展

“初次见面，请多多关照。”

就这样，我们遇见了，

彼此的人生变得完整。

漫长的人生之路，

让我们边走边了解对方吧。

第1章

小小身体大大能量

——0岁孩子的身体及运动发展

期待，有时却是不期而遇。生产并不是件轻松的事情，但见面的那一刻，你们被彼此深深地吸引！从此，你们的人生都会有所不同。眼前那个柔软的、皱巴巴的“小老头”，会一天天长大，最终蜕变成你心中期待的那个样子。你要做的，除了爱就是等待，你的小天使会按照自己的节奏迸发出属于自己的能量。

降落人间的天使：新生儿的身体特征

皱巴巴的“小老头”——外表

经过280天的独居，温暖的“小家”已经有些施展不开拳脚，厌烦了蜷缩在黑漆漆的羊水中吐泡泡打发时间的日子，小天使蓄势待发。父母有些慌乱，有些期待，准备迎接世界上那个最帅气、最漂亮、最柔软、最贴心、最勇敢、最特别……嗯，把全世界所有美好的词语加起来形容那个小天使好像也不为过！而或洪亮或温柔的哭声，让父母从幻想一下子回到了现实：那个最最独一无二的小天使，居然是一个湿答答、滑腻腻的小家伙，红红的皮肤还有些脏兮兮，挥舞着小手和小脚，仿佛想要回到曾经那个温暖的地方。分娩的痛苦渐渐远去，妈妈用带有疑惑的眼神端详着刚刚来到这个世界的小家伙：面部肿胀、眼睛浮肿、头部变形、身上还有很多青斑……妈妈心中那个漂亮、粉嫩、水灵的小天使去哪里了？嘘，小家伙好像在做梦，小家伙好像笑了，小家伙挥舞几下小手碰到你了，便又安静地睡去。软软的、暖暖的小手，让你一动不动地看着，心灵深处充满了喜悦，心想，这倒也没什么好担心的，眼前的这位终究是妈妈最美丽的小天使。

新生儿大都是这样的，因为长期生活在妈妈子宫的羊水中，出生时又是头部向下经过相对狭窄的产道挤压，所以面部会浮肿、头部会变形。几天后肿胀就会慢慢消失，脑袋也会恢复到正常的形状。至于身上的青斑，也叫“蒙古斑”，是胎儿在妈妈的肚子里与子宫壁撞击形成的，新生儿的青斑面积越大，其皮肤觉和平衡觉的发展也就越好，以后学习能力强的可能性也会越大！嘿嘿，这时再看看，宝宝身上的青斑是不是像田野里盛开的小花一样美丽了呢？

不协调的比例——身体

刚出生的小家伙身体比例还不是很协调，头部很大，约占身长的四分之一。新生儿身长为 50 厘米左右；在 6 个月以前，每月平均身高增长约 3 厘米；前三个月发展迅速，身高的增长远高于平均水平。满月时婴儿身长一般能达到 55 厘米左右，6 个月时会达到 68 厘米左右。6 个月后身高增长明显趋缓，两个月平均增长 2.7 厘米左右，1 岁时会达到 75 厘米左右。

新生儿的体重通常为 3 千克左右，现在由于生活质量的提高，每位新生儿体重存在明显差异。出生最初几天，因为新生儿多睡少吃，肺部和皮肤蒸发大量水分，以及大小便排泄相对较多等，会出现生理性体重下降。出生后第 4 天体重达到最低，最多的会减少半斤；第 10 天恢复到出生时的体重，之后便开始稳步增长。满月时小婴儿体重会达到 4.5 千克左右；6 个月时的体重是出生时的两倍，约为 8 千克；1 岁时的体重是出生时的 3 倍，约为 10 千克。

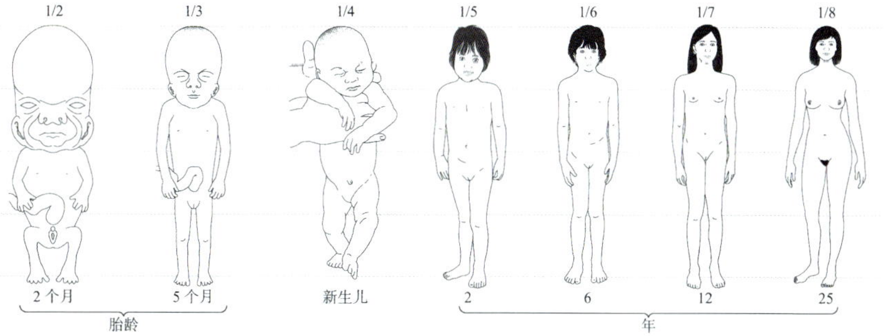

注：本图引用自《发展心理学——从生命早期到青春期》(第 10 版)，〔美〕黛安娜·帕帕拉，萨莉·奥尔茨，露丝·费尔德曼著，李西营等译，人民邮电出版社，2013 年。

Tips

每个婴儿都是独特的，早产、双胞胎等婴儿的身高和体重可能在初生时没有达到标准；受性别、遗传等因素的影响，有些婴儿在成长过程中身高和体重的变化比一般新生儿也会或快或慢。因此，父母不必太过于计较所谓的标准身高或体重。毕竟，不管是高、是矮，是胖、是瘦，他都是你的小天使。

表1： 0～1岁婴儿的身高、体重参考简表

月龄	平均身高（厘米）		平均体重（千克）	
	男童	女童	男童	女童
0	50.4	49.7	3.32	3.21
1	54.8	53.7	4.51	4.20
2	58.7	57.4	5.68	5.21
3	62.0	60.6	6.70	6.13
4	64.6	63.1	7.45	6.83
5	66.7	65.2	8.00	7.36
6	68.4	66.8	8.41	7.77
7	69.8	68.2	8.76	8.11
8	71.2	69.6	9.05	8.41
9	72.6	71.0	9.33	8.69
10	74.0	72.4	9.58	8.94
11	75.3	73.7	9.83	9.18
12	76.5	75.0	10.05	9.40

注：本表摘自2009年6月2日卫生部公布的《中国7岁以下儿童生长发育参照标准》。

身体的指挥官——大脑

母亲生产前的最后三个月和婴儿出生后的头两年，孩子的大脑以惊人的速度发育着。新生儿的大脑重量约为 350 ～ 400 克，大约是成人脑重的四分之一；6 个月时脑重达到 700 ～ 800 克，约是成人脑重的 50%；12 个月时达到 800 ～ 900 克。

脑重的增长变化最直观地体现在头围的变化上，通过测量头围可以观察婴儿的大脑及颅骨的发育状况。新生儿的头围约为 34 厘米，是成人头围的 60% 左右。1 岁以内，婴儿的头围增长比较迅速，第一个月增长约 3.5 厘米，12 个月时达到 46 厘米左右，约为成人头围的 75%。新生儿的头围过小或过大，都有可能影响大脑发育。当然，妈妈们不用太过担心，医生会对此做出科学的判断。

新生儿出生时，细心的妈妈会发现宝宝头顶有一块地方会随着呼吸上下起伏，对了，那就是囟门。囟门的大小因人而异，一般是边长约为 2 厘米的菱形，6 个月以后开始逐渐闭合，完全闭合可能要到 1 岁半左右。前囟门闭合过早或过晚都应该引起父母的重视。个别婴儿在后脑勺会有面积较小的后囟门，通常在一两个月大的时候就会自行闭合。

大脑是生命早期发展最迅速的身体器官，也是身体各项机能的终极大“boss”。大脑皮层的发育遵循“头尾原则”和“近远原则”，最先发

Tips

不要紧张，不必记住以上那些让人抓狂的数字和文字，父母们只需明白，新生儿的身体在发育过程中很重要、很娇弱，需要父母好好地照顾和保护。

育成熟的区域是控制简单动作的初级运动区，以及控制视觉、听觉、嗅觉、味觉等感知觉的初级感觉区。

与生俱来的本领——反射

婴儿在最初几个月内拥有一些不为人知的“本领”，细心的父母一定会发现小家伙的特殊能力——反射。新生儿做出的大多数动作都属于反射行为，即婴儿在面对不同类型的外在刺激时做出的非习得的、有组织的非随意反应。受到刺激时，婴儿的肌肉似乎能自动反应。婴儿的基本反射行为包括：抓握反射、拥抱反射、觅食反射、吮吸反射、踏步反射……

◇抓握反射

轻轻地把一根手指放到小家伙手中，居然会被他紧紧地握住，相信在这样的情形里，父母瞬间就有种被需要的满足感。没错，小婴儿能紧紧抓住放在其手掌中的东西，甚至有些“大力士”还能抓着大人的手指“荡秋千”呢。但是，这样神奇的本领在婴儿约4个月大时会逐渐变弱，再稍大点儿后，抓握这种反射性动作会发展成精细动作。

◇拥抱反射

听到成人洪亮的声音或关门声，有的小婴儿会突然手臂和小腿向外伸展，然后合拢，小腿蜷缩起来，小胳膊紧紧抱在胸前，瞪大眼睛或者哭闹起来，好像在责怪成人："你吓到我啦！"再比如，你若是用手托住婴儿的头和背部，让其身体与床离开一点距离，然后突然把手移开，婴儿也会做出相同的反应，好像是在保护自己。这是最具警觉性的反射，在婴儿出生前 3 个月比较明显，6 个月以后会完全消失，取而代之的是像成年人受到惊吓时表现出的反应。

◇觅食反射和吮吸反射

婴儿睡足觉后醒来，用力挥舞着小手、小脚，仿佛在进行一场手脚并用的比赛，这时，身为妈妈的你是不是想逗逗他？当你用温暖的手指或乳头靠近他软软的小嘴时，呀！他的头转过来了，还吧唧着小嘴做吮吸状。原来，新生儿一出生便会自己觅食，甚至做梦时也会做出吮吸动作，表现出对吮吸母乳的极大满足感。其实，这一动作只是一种不自觉的反射吮吸活动，婴儿并不能控制自己的头部和嘴巴，到 3 个月大时，觅食反射和吮吸反射会变弱，它们会被主动控制的头部运动和吮吸动作所取代，这时孩子的吮吸动作就会变得优雅起来。

◇踏步反射

婴儿会"走路"了，你信不信？在婴儿清醒并且心情好的时候，托着其腋下让他光脚接触床面，他们就会交替伸脚，做出要向前走的动作倾向，看上去像极了动作协调的行走。早产儿也拥有这种反射，但他们往往是用脚尖着床，不同于足月儿用整个脚或脚跟着床的步行动作。这一反射就是踏步反射，又叫行走反射或无意识步行，在婴儿出生后不久即出现，3个月左右消失。踏步反射是否就是后来行走的早期练习，大家对此意见不一。如果出生4个月后，婴儿仍做出明显的脚尖着床的行走反射，父母就要考虑孩子患脑疾的可能性。

◇其他反射行为

你想知道小家伙怕不怕痒吗？不妨挠挠他的小脚丫，他的全身都会快乐地扭动起来，好像在说："好痒呀，好痒呀！"这是因为婴儿的大脑神经还没有被髓鞘包裹起来，对其身体任何部位的刺激都会让他全身的每一个神经兴奋起来。随着大脑神经系统的发育，在6～18个月期间这种反射会逐渐消失，但如果婴儿自始至终对挠痒痒都没有任何反应，父母就可能需要带孩子去就医了。

小家伙出生不久就会抬头？很惊奇吧。医生在检查婴儿肌张力时，或者父母和宝贝游戏时，抓着他的小胳膊慢慢拉起，宝贝就会直起脖子稍微后仰，保持几秒钟抬头的姿势。确实，有些小婴儿会表现出这样的抬头反射，但这种现象很快就会消失，直到3个月后，我们的孩子才能真正地抬起头来。

手舞足蹈的秘密：运动能力

一棵倒着生长的树——头尾原则

在婴儿初期，孩子身体运动能力的发展顺序相对可以预知。运动能力的发展顺序就像一棵倒着生长的树，从头部向下发展，从躯干和肩部向四肢发展，即遵循“头尾原则”。这是由我们前面提到的大脑皮层的发育顺序所决定的。刚出生的小婴儿不能随意运动，也不能移动自己的身体，他们的动作大多无规则、不协调。请父母尽情地看他们表演的富有动感的舞蹈吧，或者让他们暂时地自娱自乐一番，不必担心他们会从没有围栏的床上掉下来。约 2 个月大的婴儿可能会表现出四肢抖动的现象，这是由他们的大脑皮层发育尚未成熟所致，属于正常现象，随着身体的不断发育，这种现象会逐渐消失。3 个月以后，婴儿的头部和上肢动作变得灵活起来，为了能看到或拿到自己喜欢的东西，他们逐渐学会了翻身。6 个月大的婴儿不仅可以在床上翻来翻去，还能独立坐一会儿，像国王一样审视着目之所及的世界。9 个月后，婴儿翻身后能独立坐起来，并在这两种动作之间自由切换；同时，他们通过爬行还能不断拓展自己的活动范围，无论是匍匐前进、小狗式的爬或是小熊式的爬，只要能到达心目中的“远方”，谁会在意姿势是不是优美呢？

Tips

并非所有的婴儿都以相同的顺序表现出大肌肉动作和精细动作，如果父母误读了发展顺序表，将会焦躁不安，甚至会急于教孩子某些超越其发展节奏的动作，最终导致父母和婴儿都产生挫败感。

大肌肉动作的发展

大肌肉动作，主要指躯体和四肢的活动。大肌肉动作在0～1岁这一年龄段发展最为迅速，在经历了“不能控制自己的‘小木头’”“软绵绵的‘小青蛙’”“抬头远眺的‘小海狮’”和“开拓疆土的‘小国王’”四个阶段后，0岁孩子基本上完成了“从猿到人”的变化，从被动到主动地踏上了探索世界的道路。具体的发展情况见表2。

表2： 0～1岁婴儿大肌肉动作发展参考简表

特征	月龄	具体表现
不能控制自己的“小木头”	0～1	能保持一个姿势很久，无规则、不协调的动作
软绵绵的“小青蛙”	1～2	○仰卧时头会转向一侧或者在床上扭动身体，需要帮助才能从平躺到侧卧 ○俯卧时两腿蜷缩跪卧，侧脸贴在床面上或者伸直小腿交替蠕动，头能刚好离开床面但不能抬起 ○拉腕坐起时头向前倾，下巴靠近胸部，呈C型；握手轻拉头部明显向后仰 ○托起胳膊和胸腹部时，头和腿自然下垂，呈倒U型

（续）

特征	月龄	具体表现
软绵绵的“小青蛙”	2～3	○仰卧时两只小手对称地放在头的两侧，能保持面朝上的姿势 ○俯卧时像小青蛙一样大腿向外整个贴在床上，头开始向上抬起一点，下巴能离开床面约 5 厘米，直视前方稍停片刻又垂下 ○扶肩坐时，会有反复试图抬头的动作 ○托腹悬空时头能与身体保持水平，但腿仍然下垂
	3～4	○仰卧时头左右转动自如，胳膊和腿的动作对称 ○能从仰卧到侧卧，俯卧时抬头到肩，前臂能放在身体两侧 ○拉坐时能控制头低下而不是无力下垂，扶坐时头能竖起、轻微摇晃，上身前倾
抬头远眺的“小海狮”	4～5	○仰卧抬头 90 度 ○俯卧时可用手肘支撑胸部离开床面 ○扶坐时身体竖直，扶腋可站立片刻
	5～6	○仰卧到俯卧 ○轻拉腕部能坐起，独坐时头和上身前倾
	6～7	○独坐时上身能竖直但坚持不了很久 ○扶腋下能站立的时间较之前有所延长

（续）

特征	月龄	具体表现
抬头远眺的“小海狮”	7～8	○ 能从俯卧到仰卧 ○ 无须手支撑能竖直上身独坐10分钟以上，坐着时能在原地打转 ○ 扶双手可站立
开拓疆土的“小国王”	8～9	● 给助力能匍匐爬 ● 双手扶栏可站5分钟以上
	9～10	○ 从仰卧到俯卧再坐起 ○ 手掌和膝盖着地，腹部离开床面，先后退然后能向前爬
	10～11	● 手和脚支撑像小熊一样爬行 ● 扶一手能站，能自己拉住栏杆站起来 ● 扶两手能向前走三步以上，能自己扶栏杆移动
	11～12	○ 扶栏杆能蹲下，并能再站起来 ○ 扶一手能向前走两三步

精细动作的发展

精细动作，也叫小肌肉动作，主要指手的活动。1岁以内儿童的精细动作发展还不是很明显，但细心的父母会发现，小家伙的手指越来越灵活，并且具有一定的特点，具体发展顺序见表3。

表 3：0～1 岁婴儿精细动作发展参考简表

特征	月龄	具体表现
“圆柱”之手	0～1	握紧的两个小拳头
	1～2	握紧的两个小拳头，手指偶尔会伸展
小手拍拍	2～3	手指经常伸展，帮助打开手指将拨浪鼓放入手中能握住 2～3 秒不松手
	3～4	双手张开或互相握住，会主动抓握拨浪鼓，保持 30 秒不松手 抓自己的身体、头发和衣服
	4～5	挥舞手臂、玩弄双手，摇动拨浪鼓
	5～6	伸手取物但无法成功
抓物小能手	6～7	用手掌抓物，能将物品在双手之间交换，能用双手撕开纸，会摆弄桌上的玩具
	7～8	手掌摆弄小玩具，手指能抓方木
	8～9	能用拇指和其他手指捏住小玩具，不熟练地使用食指，敲打物品
	9～10	能用拇指和食指捏住小玩具
	10～11	拇指和食指配合熟练，食指扣东西
	11～12	能打开简单的盒子，握住粗笔，试图搭积木

注：本表整理自高振敏主编的《0-1 岁儿童智能测评与促进方案》和边玉芳著的《读懂孩子：心理学家实用教子宝典（0-6 岁）》。

有迹可循的好习惯：健康习惯

像考拉一样爱睡觉

睡眠是新生儿休息的主要方式，面对新世界突如其来的众多刺激，睡眠会使新生儿的压力有所缓解。他们每天需要 16 ～ 20 个小时的睡眠，这让想与小家伙互动一番的父母们略微有些失望。然而，这并不意味着父母能够完全放松，因为这些睡眠是不连续的，在大人看来，小宝贝经常只是打个盹而已。在宝宝有睡意的时候，他们一般都会很安静，眼睛睁开又闭上，但如果在这个阶段没有得到合适的照顾，他们就会哭闹不止，当然宝宝睡前的状态也和他的气质类型有关。一般来说，新生儿一天有 16 ～ 20 小时是在睡眠中度过的，因为还分不清白天和黑夜，有些孩子有黑白颠倒的睡眠习惯，需要父母有意识去调整。到了 6 个月大时，宝贝白天醒的时间会长一些，一般是早晨和下午各小睡 1 ～ 2 个小时，从晚上 7 ～ 8 点又会睡觉到第二天，但中间还是每隔 3 ～ 4 个小时需要进食一次。不吃母乳的宝宝容易睡得更长久一些，他们甚至可以睡整夜的觉。吃母乳的宝宝因为消化得快，吃奶的间隔会短些，所以母乳妈妈相对会辛苦一点儿。不管怎么样，1 岁前的孩子很少会一觉睡到天亮的，特别是刚出生的小婴儿，还不会自己入睡，睡眠周期也比较短。一般小家伙的浅睡眠阶段有 20 分钟左右，然后是 1 个小时左右的熟睡，之后又会出现 10 分钟左右的浅睡，如此循环往复，这就需要新手父母掌握一些哄睡的小技巧。

大便超人快出现

正常新生儿在出生时或出生后 6 个小时内就会排尿，他们每天的尿量在60毫升以上。有时他们的尿液会是砖红色，父母不必担心，这是由于新生儿的尿液中含有尿酸盐的缘故。个别新生儿会在 48 小时后排尿，但如果 48 小时后还不排尿，应该考虑他们患有肾或者泌尿道发育不全的可能性。正常新生儿在出生后 10 ～ 12 小时内开始排便，这种大便一般为墨绿色或黑色黏稠状，称为胎便。如出生后 24 小时内不排便，且伴有腹胀、呕吐，应考虑孩子有消化道梗阻等先天畸形。吃奶后 3 ～ 4 天，婴儿的大便开始转为棕黄色，一般母乳宝宝的大便呈金黄色糊状，而奶粉宝宝的大便呈淡黄色软膏状，小宝贝每天都会有规律地排便，母乳宝宝的大便次数会比奶粉宝宝多一些。

但是大小便的频率也会因人而异，有些宝宝排尿间隔长，次数固定，而有的宝宝则间隔短。有些小家伙一天要排便好几次，也有一部分小家伙会出现好几天才排一次大便的情况；有些孩子大便是绿色，还有一些孩子大便会有米粒大小的白色小块或黏液。如果孩子没有不舒服的状况，进食睡眠都正常，排便也没有困难，妈妈们就不用太担心孩子大小便的频率、色泽或形状，各种情况都有可能发生，“攒肚子”对小婴儿来讲也是很常见的。

锋利的武器——牙齿

小宝贝第一颗牙齿的威力，母乳妈妈会有比较直接的体会。突然有一天，小家伙在吃奶的时候会咬疼妈妈的乳头，真是让人又爱又恨。小婴儿的第一颗牙齿一般出现在6个月左右，但这也会因人而异，最近有报道很多宝宝在3个月就会萌发第一颗牙齿。事实上，婴儿一出生就有20颗完整的乳牙藏在牙龈里，等待合适的时间萌发，上下牙齿一般都是成双成对出现的，通常下排早于上排，女宝宝出牙比男宝宝可能早。20颗乳牙全部长齐要到2岁半左右，刚长出的牙齿间牙缝比较大，随着长出牙齿的数量越来越多，牙缝会逐渐缩小。在长出牙齿前以及长牙的很长一段时间内，小家伙都会流口水，有些还会咳嗽、发烧

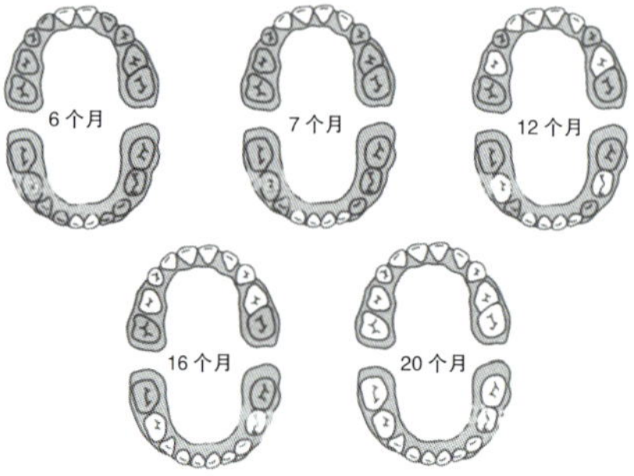

婴儿出牙顺序图

和变得易怒，睡眠也会受到影响。那是因为在长牙的过程中，小家伙会出现不同的反应，为了缓解牙龈的不适感，他们通常会表现出喜欢啃咬东西甚至拒绝进食等状态，妈妈们要学会分辨是由长牙引起的不适还是因为生病或其他原因引起的症状。

父母随笔

第 2 章

我的世界你是否懂

——0 岁孩子的认知与能力发展

人生来本是一张白纸，但人们不是一开始就被动地等待别人为自己的人生涂上色彩。每一个人生来就会感知世界，他在那里，他便知道那里发生着什么。你想知道婴儿的世界都在发生着什么吗？他看到了什么？听到了什么？在想什么？又在表达着什么呢？

世界如此奇妙：感知觉

认识世界的秘密武器——触觉

怀孕的时候，妈妈们一定有这样的体验：当小家伙在肚子里伸伸胳膊踢踢腿的时候，妈妈轻轻抚摸自己的肚皮，小家伙就会慢慢安静下来。小家伙在妈妈肚子里的时候就有了触觉，他的面部、手臂、腿……他的全身几乎都会对触摸产生反应，哪怕是隔着妈妈的肚皮。只有头顶和后脑部分例外，这两个部分在整个孕期都没有感觉，直到经过产道挤压而受到刺激。可见，顺产对宝贝的触觉发育是有益的。

出生后的婴儿触觉非常灵敏，尤其是眼睛、嘴巴、手掌、足底等。最明显的就是婴儿的小嘴巴，除了吃东西以外，它还是婴儿认识世界的秘密武器。如果妈妈不把乳头或奶嘴直接放到小家伙嘴里，小家伙是完全可以靠嘴巴一点点去感受，最终找到美味佳肴的。当婴儿三四个月的时候，他就不满足吮吸奶嘴了，会开始用小嘴巴探索自己的身体，最先会尝尝自己的小手，撅着小嘴，伸着舌头使劲凑到不听使唤的小手跟前舔一舔，有些聪明的宝宝会用一只手拉住另外一只手放到嘴巴里吃得津津有味。这个时候，妈妈千万不要阻止宝宝自娱自乐，再过几个月，他还会尝尝自己的小脚丫呢。如果你有一对双胞胎就更有意思了，他们甚至会很大方地互相分享自己的小脚丫给对方尝尝，当然，开始出牙后，这种分享行为就会越来越少，因为那时的他们就会拥有痛感。其实，婴儿的痛觉从出生时就已经存在了，但对痛的感受性因人而异。

Tips

皮肤是面积最大的触觉器官。研究发现，父母经常抚摸新生儿，不仅使其心理上得到安慰，还能促进其神经系统的发育，增强免疫力。

皮肤也会感到饥饿——触觉器官

很多人会忽略身体上面积最大的触觉器官，那就是皮肤。有研究表明，经常被抚摸的新生儿不仅心理上可以得到安慰，还能促进神经系统的发育，增强免疫力。而皮肤经常“挨饿”的宝宝，往往会比较孤僻、反应迟钝、表情淡漠、动作迟缓。国外关于猴子对没有食物的“布娃娃妈妈”和有食物的“钢丝妈妈”的依赖情况的研究表明，小猴子只有在饿的时候才去“钢丝妈妈”那里吃东西，其他时间都会靠在温暖的“布娃娃妈妈”身边，以寻求皮肤和心理上的安慰。除此之外，宝宝的皮肤对温度也是很敏感的，刚出生的宝宝调节体温所需要的时间较长，但几天以后他就能很好地通过自己的活动来调节体温。如果觉得冷，宝宝就会醒过来通过晃动小胳膊和小腿来制造热量；如果感觉比较温暖舒适，他就会安安静静地多睡一会儿。另外，对不同材质、形状等物品的触摸，也会促进宝宝感知觉的发育。

妈妈的味道——嗅觉

第一次见到尧的时候她已经8个月大了，大家都以为她不可能乖乖地让我抱，因为8个月大的孩子已经可以分辨陌生人了，可是就那么神奇，她安静地趴在我的肩头，一副很享受的样子。在我的家乡有种说法：小姨身上有妈妈的味道。

没错，婴儿出生6～10天之内就能辨别母亲和陌生人的味道，嗅觉会拉近婴儿与妈妈的关系，也会保护婴儿不受陌生人的伤害，闻到陌生的味道，婴儿会哇哇大哭来求救。一般婴儿4个月左右的时候就能比较稳定地区分喜欢和不喜欢的味道，他喜欢妈妈身上的奶味、汗味，喜欢熟悉的洗衣液的味道，喜欢香香甜甜的味道，讨厌臭臭的难闻的味道，到1岁左右，婴儿的嗅觉就与成人相差无几了。有意思的是，有研究表明，奶粉宝宝对气味的偏好表现不是很明显，这可能说明了嗅觉的早期偏好来源于婴儿对母亲气味的早期体验；也有研究认为，女宝宝比男宝宝在识别气味上更胜一筹。

小小美食家——味觉

胎儿在妈妈肚子里七八个月大的时候就已经能辨别甜、咸、苦、酸等不同味道，所以，也经常有人告诫孕妈妈要管好自己的嘴巴，因为宝宝味觉的喜好很大程度上取决于妈妈的偏好。宝宝对甜味的喜爱似乎是天生的，但妈妈们千万要记得不能为了取悦宝宝而过早地给他们喂食糖水，因为他们的口腔比成人更加敏感，哪怕我们觉得寡淡无味的东西，他们也会品得津津有味。过早地喂食糖水不仅会破坏宝宝的味觉，还容易让他们对甜味产生依赖。4个月后的婴儿对食物的微小变化已经很敏感，有人建议可以开始添加适当的辅食，使孩子习惯各种不同的味道，但辅食具体从什么时候开始添加，还是要因人而异的。5个月左右的小宝宝可能会喜欢淡盐水胜过白开水，但是为了避免过早地带给肾脏额外的负担，父母们最好在1岁以后再给宝宝吃盐。除了甜和咸，宝宝对苦、酸等其他味道也能分辨出不同，但不是那么容易接受，因为受限于表达能力的缺失，这些味道都被他们笼统地放到不喜欢的清单之上。1 岁左右可能是人生中味觉最敏感的时期，宝宝们能精确区分同一味道的不同浓度。随着辅食种类的变化，他们真正开启了味觉世界的大门，尤其是母乳宝宝，对妈妈喜欢吃的味道会有种似曾相识的好感。

听，是谁在歌唱——听觉

"宝宝乖，妈妈要睡觉喽。""嘿，小子，不许踢我老婆！"准妈妈或准爸爸肯定有过隔着肚皮和"小天使"聊天的经历吧。婴儿的听力在出生之前就已经发展得很好了，母亲的心跳声和节律对刚出生的婴儿来说太熟悉了，他就是听着妈妈血液流动的声音、心跳的声音、吞咽的声音、呼吸的声音、说话的声音一天天长大的，虽然穿过羊水，音质可能会有所不同，但那种熟悉感是无法取代的。有节律的、温柔的声音会让小家伙觉得舒服并安静下来，而突然的高音调的噪音会使小家伙烦躁不安，所以，抱着小家伙的时候尽量用左手，让他的头部靠近你的心脏的位置，他会从熟悉的声音中获得一种安全感。

另外，小婴儿更喜欢女性的声音，特别是妈妈的声音。当然，爸爸们也不必感到泄气，如果你曾经时常隔着孕妈妈的肚皮和小家伙交流的话，小家伙对你的声音一定不会陌生。小婴儿在 2～3 个月大的时候就会倾听，比如在哭闹的时候听到妈妈的声音会停止哭闹，听到美妙的音乐会安静地欣赏，当你发出各种声音逗他的时候，他都会给你回

Tips

有节律的、温柔的声音会让婴儿安静下来，突然的噪音会使婴儿烦躁不安。父母抱着小宝贝的时候尽量让其头部靠近你的心脏位置，他会从熟悉的声音中获得安全感。

应。再大一点，到了4～5个月的时候，小家伙对不同的音乐会表现出自己的喜好，对刺耳的声音会感到强烈的不满，听到拨浪鼓或者沙锤的声音会转头去找，而且还可以通过语调分辨出称赞和反对！再过一两个月，小家伙听到自己的名字就会有反应。到9个月左右的时候，他的听力水平更多地表现为语言和情绪分辨的能力，比如他可以理解谢谢、再见等简单的词句，能模仿动物的叫声，能分辨各种细微的声音，对严厉与和蔼的声调可以做出不同的反应。

你想知道我在看什么吗——视觉

早些年流行一种胎教，就是用手电筒照孕妈妈的肚皮来刺激胎儿视神经的发育，据有些妈妈分享，小家伙真的有反应。从理论上讲，这是合理的，但这种做法的效果终究是微乎其微的。视觉能力的培养最好还是等小家伙出生后，可以让他通过适当地接触自然光线，来唤醒其对光的感受性。其实，小家伙一出生就能分辨明和暗，只是在出生后的一个月里，妈妈们需要提供一些机会让他辨别明暗的技能得到充分的锻炼。

新生儿的视觉距离约为60厘米，在15～20厘米的范围内视觉最清晰，这恰好就是妈妈抱着宝宝哺乳时妈妈的脸与宝宝的脸的距离，很神奇吧！小家伙能看得清妈妈的脸！到2个月大的时候，小家伙其实一直是在轮流用两只眼睛注视这个世界，而且能够分辨出对比较强烈的颜色，特别是对人脸和黑白的东西表现出超越成人的兴趣。这个时候，小家伙的眼神偶尔还能随着有光亮的物品移动，但真正的注视、移视和追视可能要到3个月左右才开始逐步发展。4个月大时，小家伙的注视时间和距离会有所延长，还能主动地去看一些自己喜欢的东西。小家伙到了半岁时，两只眼睛看到的图像终于能整合在一起了，视力几乎能达到成人的视力水平。这样，他就能很好地目测物体的距离，知道哪些玩具离得近，可以抓得到，哪些玩具离得远，要求助别人。再过两个月，你会发现小家伙对颜色的辨别能力几乎和你差不多了，但是，他更喜欢橙色、红色等亮亮的、暖暖的颜色。

深深浅浅，世界真奇妙——空间知觉

在视觉发展的过程中，婴儿会表现出一些让人惊讶的知觉统合的能力。

首先是深度知觉。非常有名的“视崖”实验表明，宝宝觉得危险就一定不会冒险爬过去，哪怕是妈妈在对面不停地呼唤。深度知觉能帮助宝宝获得有关高度、远近的知识，避免宝宝从床上、台阶上等危险的地方摔下来。就像笔者的女儿小石榴八九个月大的时候，在她游戏的20厘米左右高的床垫上，当她发现不能直接爬到地面上时，她会想办法叫人帮忙或者选择倒退的方式，把自己先挂在床边，然后慢慢挪到地上，很聪明吧。

其次是形状知觉的恒常性。小婴儿两三个月大的时候喜欢看复杂的、有弧度的物体胜过方方正正的物体，9个月左右便获得了形状知觉的恒常性。当观察角度发生变化时，他也不会觉得物体原本的形状会发生变化，只是他还无法告诉你而已。

再次是对大小的知觉。婴儿4个多月就偶尔能分清哪个是大皮球、哪个是小皮球；到6个月就能辨别大小了，当你对他说大皮球时，他会去找相对比较大的那一个，而且，他也相信物体的大小不会随距离的变化而变化。

说出我的秘密：语言

婴幼儿的语言发展大致可分为四个时期，而0～1岁的宝宝一直处在第一个时期，即前语言时期。婴儿天生就具备言语知觉，这段时期他们能发出很多音，但很少具有真正意义的语言。当你问有经验的母亲们，小孩子是如何学会叫妈妈的，答案可能五花八门，让人诧异，难道宝宝与宝宝之间差别真的那么大吗？其实，这也可能是妈妈们的一厢情愿而已。还记得，小石榴在 70 多天的时候就能发出“mamamama”这个音，笔者当时欣喜若狂地抱着她又跳又亲，而她完全是“一脸无辜”，不知这个女人为什么突然发疯似地这样对她。

1 岁之前，婴儿的语言行为主要以无意义的发音为主，刚出生的头两个月，他们会发出咕咕声，类似于汉语拼音中的韵母，或者小动物发出的声音。2 ～ 6 个月的时候，婴儿能发出咿咿呀呀的声音，并能发出一些简单的声母。6 个月以后，婴儿开始慢慢理解一些词汇，在几个月被“奇怪”的女人不断地亲吻的强化下，他也明白“mama”特指这个女人，当然有些小家伙可能会先叫“baba”，那么这或许是因为爸爸比较愿意主动去强化孩子对这个发音的指向性。七八个月大的孩子能明白常用物品的名字，并能把听到的语言分割成词语、短语储存起来，说不定哪一天他就呜里哇啦蹦出几个你没有听过的词语了。到了 8 个月以后，婴儿就开始懂得用肢体语言和你交流了，伸长小手要抱抱，拍拍旁边示意你坐下，闭着嘴巴扭过头表示吃饱了。同时，他会模仿成年人发出不同的语调。在 1 岁左右，他还能把特定的活动用特定的音节表示出来，比如说到吃饭会发出咂嘴的声音，看到小汽车会发出“滴滴滴”，听到开门、关门的声音会叫“baba”等。如果你说“小手”，他会伸出小手给你，只是这时候小家伙还经常发挥不稳定，不用着急，很快你的小天使就会和你聊天了。

父母随笔

第3章

我的快乐与忧伤

——0岁孩子的情绪与个性发展

情绪和情感是复杂的存在，会受到很多方面的影响，甚至在精子和卵子结合的瞬间，环境的作用已经对未出生的孩子的情绪产生影响了。所以大家总是遵守着一种不成文的约定，像侍奉皇后一样照顾孕妈妈；而怀孕的女人也变得分外热爱健康和生命，她的内心充满喜悦和幸福，希望自己的宝贝健康平和，获得所有人的喜爱和祝福。刚出生的婴儿看似没有太多的情绪状态，但随着一天天地长大，他的情绪、情感会表现出惊人的变化。

这个家伙我好像认识：自我认知

最近流行一种做法：在婴儿看得到的地方装一面镜子，以便让他随时随地地观察自己。刚出生的婴儿对突然出现在镜子中的那个小人儿还有一些恐惧，但随着时间的推移，两三个月的婴儿开始好奇镜子中的小家伙是谁，想要伸手去摸摸或者亲亲镜中人。6个月左右的孩子在照镜子时会时不时地回头看一看，好像试图在找到镜子的秘密。他有时会对着镜子做鬼脸，或者拍打镜子，仿佛想控制镜子中的小人儿，又好像要请镜子中的小人儿出来，但对这种感觉还不是很肯定。到了八九个月大时，聪明的小家伙就逐渐明白镜子里的小人儿就是他自己，他会更加确定地通过表情和动作观察镜子中的自己，慢慢发现自己。

表达情绪的能力

看我迷人的微笑

有个新手爸爸在孩子出生后两天两夜没有睡觉，他盯着自己的宝贝，不想错过他睡梦中的每一次微笑。婴儿天生就会笑，只是，刚开始他看着你的时候可能会忘记，只有在睡梦中会咧开小嘴，像天使一样融化你。到了3个月大的时候，婴儿不再吝啬，每次睡醒只要看到熟悉的人就会露出满足的微笑，有时候还会发出呵呵的声音，在吃饱喝足晒太阳的时候，偶尔还会自娱自乐偷笑呢。这个时候，小家伙的微笑其实并没有取悦别人的意思，他只是为了满足自己心理的需要，但不管怎么说，爱笑的孩子运气一定不差，大脑和身体也会发育得更好。他的笑虽然可能不是自己的本意，但已经足以让父母感受到幸福和快乐。到了四五个月大时，当你用各种鬼脸、奇怪的声音逗小家伙的时候，你就能听到咯咯的笑声了。这个时候，宝宝的笑不仅仅表示他很舒服，还会告诉你他很开心，他真的很认可你。这个时候的宝宝有可能看到任何人或者喜欢的东西都会报以友好的笑。可是，半岁以后，宝宝就渐渐开始在陌生人面前收敛自己了，他可能会默默地、严肃地观察陌生人，直到确认自己是安全的，或发现父母在对他微笑，才有可能露出自己可爱的笑容。自此以后，婴儿的笑便带有一定的社会性。

就是超级“爱哭鬼”

哭是小婴儿表达性交流最早也是最重要的形式之一，对他来说，有千万种理由值得大哭一场。如果妈妈足够细心的话，会发现他们哭的声音、时长、哭喊间隙的次数，都表达了不同的含义。父母对于宝宝哭闹的回应是否及时，会影响到其后期语言的发展。一般来讲，用哭声交流会从婴儿出生一直持续到 1 岁左右；但是，要完全区分不同类型的哭声而不考虑情景，是很难做到的，所以，只有靠妈妈自己去和宝宝积极交流来发现了。不过，也不用太焦虑，小孩子哭，大致有以下几种原因。

> Tips
>
> 父母对于宝宝哭闹的回应是否及时，会影响到宝宝后期语言的发展。

让你知道他的存在。当你听到你家宝宝抑扬顿挫的干嚎却并没有眼泪流出时，可能是他觉得有些寂寞，只要你陪陪他，他就立即又变成了你的小天使。

饿了或渴了。婴儿一般 3 ～ 4 个小时就会饿，通常妈妈们都会按时喂饱小家伙，只是有时候，他饿得更快一点，于是会突然有节奏地、频率非常快地哭起来，就像在说“饿～饿～”一样，直到有东西吃才罢休。

吃饱撑的。一般母乳宝宝可能很少会吃撑，但奶粉宝宝就不一定了。就像大人吃撑了一样，他们会感觉很难受，这时小家伙就会哭闹起来，甚至哭着哭着还会打嗝或者吐奶。

不舒服了。不舒服可以分为生理上的和心理上的。一般生理上的是指尿了、冷了或者热了、疼了、生病了、呼吸不通畅了等，除了因为疼会突然毫无预兆地哇哇大哭之外，其他生理上的不舒服都会表现为一些不安、身体扭动等，只有在没有及时关照到时才会转为哭泣。生病的哭泣时间会持续比较久，即使被父母立刻关照也很难立刻停止。心理上的不舒服可能是宝宝想让抱抱、觉得环境比较嘈杂或比较陌生等，这时的哭声比较像委屈的哭声，在得到适当安慰或被带离嘈杂陌生的环境后会立即停止。

困倦。前面提到，1岁以内的小家伙还不会自己入睡，更小的时候还需要父母抱着哄一哄，那么当他们困了时，不会说话的他们就只能哭闹了，一般这种哭闹比较好辨认，基本是在相对固定的时间。如果错过该睡觉的时间已经很久了，小家伙就会出现很累但睡不着的情况，这时他们的激烈哭闹，需要妈妈们比较有耐心才能安抚。

最后一种哭的原因是近几年比较流行的说法，叫肠绞痛。一般婴儿到傍晚的时候，会莫名地哭闹且很难安抚，有人说是婴儿肠胃不舒服；也有人说是因为婴儿白天时一直努力适应这个陌生的世界，到了傍晚，终于觉得压力太大，需要释放释放，所以会哭。如果是这样，身为父母，我们能做的只有安慰和陪伴，让他发泄自己的情绪或等待痛苦过去。

情绪理解与自我调节能力

你的情绪宝宝懂——情绪理解

在前面讲婴儿听觉和视觉发展的过程中我们提到，婴儿很小就能分辨出别人高兴、生气和悲伤等表情。差不多 1 个月大的小宝宝就有了这样的能力，他能从你的语气和表情中知道你是爱他的或者被他的哭闹搞得心烦意乱，只是他还没有学会调节情绪的技巧和方法，只能被动地等待被逗笑、被哄开心，或者被你的坏情绪吓哭。6～7 个月大的时候，他在分辨妈妈的情绪方面已经有了一些经验，他开始关注他人的情绪并且主动调整自己的行为。比如，当他感觉妈妈对他不耐烦了，可能就会要求让爸爸抱，从而使自己的身体远离不愉快，或者他会用吮吸、吃手等方式让自己获得一些心理上的安慰。

不同气质类型的孩子——情绪和情感的发展

情绪和情感会随着时间而不断发展和变化。新生儿的情绪与即时的体验和感觉有关。刚出生的孩子就会表现出不同的气质类型，也就是我们常说的性格，这是一个人的基本性情，虽然不像成年人那样明确，但细心的人一定会从婴儿的生理反应中观察到他们的情绪。而情绪反应与环境之间的长期磨合，会逐渐形成一个人的行为风格与回应这个世界的独特方式，也就是我们常说的气质。气质可以从一个人的活动水平、节律性、趋避性、适应性、注意广度、反应强度、反应阈限、注意分散度和情绪状态 9 个方面去衡量。理解婴儿的气质类型（见下表）有助于父母和其他照料者尽最大的努力与婴幼儿进行积极的互动，以一种关爱、支持的方式来应对婴幼儿气质方面的挑战。

Tips

刚出生的孩子就会表现出不同的气质类型，也就是我们常说的性格，这是一个人的基本性情，虽然不像成年人那样明确，但细心的人一定会从婴儿的生理反应中观察到他们的情绪。

表 4：　婴儿气质类型简表

气质类型	特点
容易型	适应性强，可接近并且拥有积极的情绪，40% 的宝宝属于这个类型
迟缓型	○ 最初对新环境表现消极，但随着时间和耐心的增加，最终能适应环境，15% 的宝宝属于这个类型
困难型	具有消极情绪，行为具有不可预测性，面对新环境和陌生人时反应强烈并且易怒，10% 的宝宝属于这个类型
混合型	○ 35% 的宝宝很难明确划分为以上三个类型中的某一种，总是表现出两个或三个类型的有机组合，但还是能表现出一定的规律

注：本表摘自《婴幼儿及其照料者：尊重及回应式的保育和教育课程》，〔美〕珍妮特·冈萨雷斯—米纳等著，张和颐等译，商务印书馆，2016 年。

父母随笔

第4章

“你看起来很好吃”

——0岁孩子的社会性发展

0岁孩子的社会性发展，主要表现在依恋关系的建立上。婴儿在非常小的时候就与主要照料者建立起强烈的情感联系，逐渐通过主要照料者，认识自己生活中的一小部分人，对他们产生依赖，喜欢和他们在一起。从出生开始建立的亲密关系，对孩子日后的健康发展非常重要。被忽视、没有得到足够回应的0岁孩子，逐渐会怀疑这个世界的可信度，会认为自己不值得被爱，也不会用积极的方式去爱任何人。

恋恋不舍：依恋关系

依恋关系是一种复杂、渐进的过程，是连接两个个体之间情感的纽带，在时间和空间上具有持久性，并有助于他人在情感上与自己亲近，它主要取决于成年人对孩子的亲密程度和回应方式。妈妈通常是孩子第一个、也是最主要的依恋对象，孩子对父母的依恋通常是终身的，因此，父母不同于其他照料者，对依恋关系的建立承担着更加重要的责任。

表5： 婴幼儿依恋发展简表

依恋阶段	年龄段	特点
前依恋阶段	0至12周	● 无区别的反应 ● 用哭闹、注视和抓握等行为引起任何成年人的注意，以获取照料和安慰
依恋建立期	10周至8个月	○ 关注熟悉的人 ○ 对不同的人做出不同的反应，对熟悉的照料者做出社交式反应，如咕咕声、微笑和咿呀学语；对陌生人的长时间注视感到恐惧和不安 ○ 对照料者的信任开始发展
依恋明确期	8个月至24个月	● 主动寻求亲密 ● 对熟悉人的依恋非常明显，当信任的人离开后表现出分离焦虑；能意识到需要某个人并积极传递相对成熟的社交信号，喜欢抱紧照料者来抗议暂时的分离。在探索新环境的时候，常常需要返回“安全基地”获取情感支持
互惠关系形成期	24个月以后	○ 伙伴关系的行为 ○ 理解成年人的到来和离开，能应对与照料者的暂时分离，能调节自己的情绪，能从照料者的承诺中寻找有助于调解自己情绪的内容

注：本表摘自《婴幼儿及其照料者：尊重及回应式的保育和教育课程》，〔美〕珍妮特·冈萨雷斯—米纳等著，张和颐等译，商务印书馆，2016年。

小婴儿通过发出需求信号促进大脑的发育，回应式的照料和温暖且稳定的关系不仅有助于他们依恋关系的建立，更能促进他们大脑的健康发育。有些孩子一出生就存在很强烈的亲子依恋，就像“一见钟情”的爱情一样，但大部分依恋是在照料者和被照料者不断加深了解的过程中逐渐产生的，为了建立良好的依恋关系并使之发展，除了关注婴儿依恋关系发展的特点之外，在互动中给予婴儿积极的回应并为他们提供高质量的照料是不二的选择。

婴幼儿依恋发展的阶段

大部分新生儿生来就具备一种明显的依恋行为，如与他人的眼神接触、抓握反射、关注妈妈说话的声音等。当婴儿对妈妈离开有所反应的时候，信任感正在慢慢发展，一旦他们能够明确区分妈妈和其他人时，就会体验到两种焦虑：一种是在 8 ～ 10 个月的时候对陌生人产生的焦虑；另外一种就是 1 岁左右的时候对“失去”妈妈产生的焦虑，而体验到第二种焦虑的时候，正好是婴儿“客体永久性”开始萌发的时候。

婴幼儿的依恋模式

发展心理学家玛丽·安斯沃斯设计了“陌生情景”实验，试图找到婴幼儿依恋的模式。在该实验中，母亲和婴儿一起进入陌生的房间，婴儿自由地玩耍；随后陌生人进入房间，母亲离开房间；最后陌生人离开房间，母亲返回房间。在一系列陪伴和离开的变化中，婴儿的反应就被用来表示不同的依恋模式。该实验将婴儿的依恋模式分为三种，后来又有研究发现了第四种依恋模式，具体看下表。

表6： 婴幼儿依恋模式简表

依恋模式	婴幼儿的表现
安全型依恋	能很好地适应新环境并能独立探索周围环境，在母亲离开后表现出不同程度的不安，在母亲返回后立即寻求拥抱和安慰
不安全－回避型依恋	不会主动寻求与母亲亲近，母亲离开后也不会感到不安，母亲返回后对母亲的行为漠不关心，表现出回避行为
不安全－矛盾型依恋	同时对母亲表现出积极和消极的反应，在陌生环境中会非常焦虑，不愿分离而难以去探索环境，在母亲离开时表现出悲伤，母亲返回时表现出矛盾的心态，寻求与母亲的亲密接触但又会踢打母亲、抗拒安抚
混乱型依恋	非常矛盾的行为，试图接近父母或照料者但不进行目光交流，会表现出恐惧、困惑和迷失感

注：本表摘自《婴幼儿及其照料者：尊重及回应式的保育和教育课程》，〔美〕珍妮特·冈萨雷斯—米纳等著，张和颐等译，商务印书馆，2016年。

目前，研究者们对于依恋关系的研究不仅仅关注妈妈与婴幼儿之间的依恋，也逐渐开始了对爸爸与婴幼儿之间依恋的关注。亲子依恋关系不再是妈妈的专属权，建立安全的依恋模式，也不再仅仅是妈妈的责任。

我是宇宙的中心：同伴关系

没有人会要求 1 岁之前的婴儿表现得绅士或者淑女，或者要求他们照顾别人的感受，这是非常明智的，因为从皮亚杰的认知理论来看，1 岁之前的宝宝都是超级自恋狂。他只关心与自己身体相关的动作、声音，他做某些有目的的行为，也只是他自己想让它发生，仅此而已。他会对其他小朋友感兴趣，仅仅是因为他认为那个小朋友和他的玩具小熊没什么区别；看到其他小朋友哭，他也会哭，或许只是他觉得其他小朋友的哭声让自己好烦躁。有些有经验的妈妈可能会反驳，小家伙还会去安慰别人，但这更多只是他的一种模仿，也有可能他只是觉得哭的人需要被安慰，而他很快就会被其他感兴趣的东西吸引而忘记他的同伴还在难过呢。所以，对于不到 1 岁的小家伙，尽情奉献你的爱心吧，满足他的需要，而不必担心会宠坏他，总有一天，他会在适当的时候用恰当的方式爱你。

Tips

对于不到 1 岁的婴儿，父母要尽可能地满足他的需要，无须担心会宠坏他，总有一天，他会在适当的时候以适当的方式回报你。

父母随笔

第二部分

做智慧的“0岁”父母

龙应台说，

错过了做父母的“有效期限”，

再努力也只是一厢情愿罢了。

一个生命心甘情愿地将他交付给你，

父母啊，

你承载着多少赞美，

也就承担着多少的责任。

第1章

女人的另一个名字叫妈妈

——新手妈妈要知道的事

有人说，“世界上有一种最美丽的声音，那便是母亲的呼唤”。“世界上的一切光荣和骄傲，都来自母亲”。“母爱是世间最伟大的力量”。“没有无私的、自我牺牲的母爱的帮助，孩子的心灵将是一片荒漠”。还有人说，“母爱的真正体现似乎并不在于母亲对出生婴儿的爱，而是在于以后成长中对孩子的爱”。有太多的语言塑造出一个无私奉献的伟大母亲形象；而女人，需要在母亲和自我之间找到人生的平衡。

身体给你的信号：产妇的身体恢复

被打开的身体

坚持了9个多月，终于到了终点，接受祝福与奖杯的同时，虚弱的新手妈妈们还不得不接受从内到外的审视和各种各样不知所云的忠告，让原本以为终于可以松口气的自己又不得不开始紧张起来。在产房被陌生的医生检查宫口的不安、一丝不挂被众多医护人员包围的尴尬刚刚退去，被打开的身体又要接受新一轮的审视，哪怕是平时见不了几面、说不上几句话的人，也会看一眼你那软趴趴的乳房，一脸不屑地讲自己曾经有多么丰富的奶水。你自我安慰着——医院的陌生人是在全心全意帮助自己和宝贝，不必太过在意。可是，感觉身体被掏空的初产妇，生活几乎不能自理，纵使有最亲爱的老妈和老公的帮助，也无法避免前来道喜的七大姑八大姨的种种“好意”。穿戴整齐掖好被角不能着凉，哪怕你是在密不透风的酷暑天里汗如雨下；清炒胡萝卜是最补身体了，哪怕你从小到大闻到炒胡萝卜的味道就想吐，只能应付吃两口再趁人不备悄悄吐掉；小家伙不好好吃奶，是你奶头太短，我来帮你捏一下，心里默默嘀咕着：“我们很熟吗？”生完孩子后的女人，身体仿佛不再是自己的，听到的每一句话，最后不是“为了你以后好”就是“为了宝宝好”，可是，身体给你的信号，难道一点都不重要吗？

月子那些事儿

刚刚“卸货”的产妇，如果是顺产，在产后第二天便可以下地走走；如果是剖腹产，就要听从医生的建议，乖乖在床上等待伤口愈合。不管怎么样，产妇行走需要重新掌握平衡，有些产妇生完孩子后会出现短暂的贫血症状，起身动作要缓慢且有人保护，避免晕倒。

另外，排除子宫内残留的血块，对产妇而言，是比等待初乳的出现更为重要的一件事情。虽然，大部分人认同宝宝对乳头的吮吸，可以加速子宫的蠕动，帮助排除残余血块，但是，这仅仅是众多方法中的一种，适当适量的运动加上定期复查也是必要的。新手妈妈们不要苛责自己的身体，在照顾宝贝的同时，为自己的身体来一次彻底的排毒吧。

生产完42天以后，才算真正坐完月子，新手妈妈们的身体不再显得那么臃肿；但是，孕期堆积的脂肪可能会让你的腹部看起来似乎还有一个宝宝在里面，而突出的腹部会减弱背部的支持力量，导致背部疼痛。这个时候，减肥和恢复身材便成了新手妈妈们的另一个目标。但是，“冰冻三尺，非一日之寒”，无论多么渴望重获魔鬼身材，也只能循序渐进。生产后的身体各项机能需要逐渐恢复，新手妈妈们可以根据自己的身体情况和兴趣爱好，适当地做一些运动，让被打开的身体慢慢进行愈合，让失去力量的腰腹部重获力量，让因顺产而松弛的阴道逐渐恢复弹性。不过，母乳喂养的妈妈们要尽量避免做一些剧烈的运动，因为人体在剧烈运动后会产生乳酸，导致母乳变味，对剧烈运动有强烈爱好的妈妈们，可以选择运动前喂奶。对于大多数妈妈来说，日常起居和照顾宝贝足以满足最初的锻炼需要了。有些新手妈妈刚开始会在身体用力或咳嗽的时候小便失禁，这不是什么难以启齿的问题，因为在怀孕和生产的过程中盆底肌肉会变得松弛。妈妈们可以在任何有空的时候用任何让你舒服的姿势收紧阴道肌肉，持续5秒，然后放松，这样每天重复做几十次，很快就不会再出现尴尬的“尿裤子”行为了。

Tips

新手母亲一定要爱惜自己的身体，在照顾好宝宝的同时，为自己的身体来一次彻底的排毒，坐好月子。

初乳

新手妈妈们最担心的是自己能否有充足的奶水。其实，只要身体一切正常，每个母亲都可能产出足够自己宝宝需求的乳汁。只是，新手妈妈往往会被别人所谓的光辉历史和别人家妈妈的雄厚实力所困扰，生怕喂不饱自己的小宝贝，我们的身体越是紧张，越是容易事与愿违。静静地期待身体给予你的信号，做出正确的回应并对不舒服勇敢及时地说“NO”，你的身体不会让你失望的。

美食不可辜负：产妇的饮食调理

吃货的烦恼

从宝宝出现在妈妈的肚子里，妈妈的身体就开始给宝宝提供营养，在宝宝出生后的头一年，妈妈的乳汁会满足宝贝的成长需要。所以，妈妈们更应该科学健康地满足自己的口腹之欲，纵使是因为个别特殊原因无法母乳喂养宝宝的妈妈，也需要吃对自己有益的食品，帮助自己更好地从生产中恢复过来，应对当妈妈的压力。

各地的传统习俗对产妇有很多这样那样的限制，让新手妈妈苦不堪言，又无以辩驳。在北方有些地区的传统里，月子期间的妈妈们只能喝小米粥，水果蔬菜统统不能吃，理由是怕影响消化功能。有些爱孙心切的老人，天天肥鸭肥鸡、各种汤水逼着妈妈们吃得干干净净，老人们看着空空的大碗和新手妈妈圆鼓鼓的肚皮心满意足，仿佛已经看到新手妈妈吃进去的汤水全变成了乳汁流进可爱孙子的嘴里。还有些来自不同地方的婆媳，总会以各自地方的饮食习惯来一较高低，有些甚至是矛盾重重，比如婆婆说喝绿豆粥消暑，媳妇说绿豆性寒不能喝；比如婆婆说要吃肉喝汤奶水才会快快出来，媳妇说还没开奶不能吃太油腻的，否则会导致乳管堵塞；比如婆婆说刚生产完的女人要吃酸汤面，而媳妇说自己从来不吃醋。诸如此类的种种不一致，让新妈妈们生产后满腔的热情一点一点化为虚无。

温馨贴士

吃进去的好心情

关于如何吃，吃的人应该最有发言权才是。为了营养的均衡，谷物、水果、肉类、新鲜蔬菜、豆制品、奶制品等都是不可缺少的，在合理搭配的同时还要考虑到产妇的偏好、口味等，让产妇吃得愉悦、吃得舒服，才是最重要的。当然，产妇也需要适当地控制自己的不良饮食习惯，像高糖高脂的食品、碳酸饮料、含咖啡因和酒精的饮料、重口味的食物、包装食品等都应当严格控制摄入量或尽量不食用。

母乳妈妈们需要格外注意的是，观察自己的饮食是否会引起宝宝的过敏反应，尽量避免食用让宝宝感觉不舒服的食物，如宝宝吃完母乳会出现哭闹、肠痉挛、腹胀、严重的便秘或腹泻、湿疹等症状，就需要母乳妈妈们列出自己食用过的可疑食物清单，从最可疑的食物开始，一个一个把它们排除在自己的食谱之外，这期间，细致观察宝宝的表现，最终找到容易让宝宝过敏的食物。不过，一旦发现宝宝对某种食物表现出过敏反应，也不应该从此将它打入冷宫，大多数宝宝只是暂时过敏，过段时间再试一次，免得让宝宝失去有价值的营养来源，甚至造成宝宝以后偏食。

成长的烦恼：新手妈妈的情绪

天堂还是地狱——成为一个妈妈

经历了宝宝出生的喜悦，当围观的人群逐渐散去，新手妈妈们才发现有宝宝的新生活可能并不总是如想象中的那般美好：不断地照顾新生儿的需要让原本疲惫的妈妈更加劳累不堪，被掏空的身体、严重不足的睡眠、极速下降的身体激素水平、被宝宝的需要完全占据的时间和空间、与许多不曾接触过的人产生交集……某句话、某个眼神、某个味道，都可能成为压垮新手妈妈的最后那根稻草。

航航妈妈终于如愿以偿生了个大胖儿子，航航的奶奶和姥姥都抢着照顾月子。航航奶奶经常捏捏儿媳的乳头看奶够不够孙子吃，航航姥姥怕自己的女儿吃不好，于是每天鸡鸭鱼肉轮番上桌，月子还没出，航航妈妈就因为胆囊炎住进了医院，航航不得不开始吃奶粉。奶奶和姥姥也开始互相埋怨，让没出月子的航航妈妈整天想着离家出走，看到航航就觉得心烦，认为自己并不是个好妈妈。

木木妈妈家在南方，当初不顾父母的反对嫁到了北方。生了木木后婆婆过来同住，平时温柔体贴的老公在婆婆面前变成了还没长大的儿子，过上了衣来伸手、饭来张口的日子。只要婆婆在，木木爸爸回家除了看电视什么都不干，连和木木妈妈聊天的时间都越来越少，木木妈妈觉得自己没了老公，满脑子稀奇古怪的想法都没人去说，时间久了，原本开朗随和的木木妈越来越沉默，也越来越苛刻。

这样的例子还有很多很多，随便哪个当过妈妈的女人，说起自己生孩子和养孩子的头一年，都能滔滔不绝说上很久，甚至说到最后不得不感叹自己当时是怎么熬过来的。在女人的一生中，没有哪个时候比产后一年的改变更大了。国外有研究表明，大约50%～75%的妈妈会出现产后抑郁的症状，约有10%～20%的妈妈会真正患上产后抑郁症，表现为对不能胜任育儿工作的焦虑、失眠、恐惧、突然哭起来、小题大做、精神混乱、懒得动、对打扮缺乏兴趣、对爱人态度消极，有时甚至对宝宝也持消极态度。中国对于抑郁症这样的精神类疾病的接受度不是很高，所以，当新手妈妈们出现这样的状态后，往往更加痛苦和无助，甚至会让周围的人觉得不可理喻、不够坚强。当妈之后的女人开始深切体会到别人说的“婚姻中最狼狈的时候是没人帮你带孩子的时候，在深思熟虑后还能帮你带孩子的一定都是真爱”，这是因为生活的变化和能量消耗超出了自己的预期和承受能力，而女人，有了孩子之后，面临着各种人际关系的再造。

关系的重建

新手妈妈要认识到自己与周围人的关系正在悄然发生变化，要重新考虑自己作为妈妈、女儿、儿媳、妻子与家人以及朋友之间的关系，尽快找到自己的位置。

◇与自己的和解

每个女孩，都仿佛从很小的时候，就主动被动、有意无意地开始了“成为母亲”的准备。“世上只有妈妈好”“母亲对孩子有一生的影响”“女人只有做过母亲，才是一个完整的女人”“母爱是最无私的”等等信息，最终让我们达成共识——“成为母亲是一件不存在选择的事”“母亲是子女的首要照料者”“母性是始终把孩子的利益置于自身利益之前”。

大多数女孩在成为母亲之前对于如何做母亲还很模糊，做母亲的喜悦让自己以为自己是超人，可以立刻胜任母亲这个角色。只有在做了母亲后才发现，做母亲是一份多么复杂的工作，不分白天黑夜，永无节假日，更没有带薪休假，要有厨师的手艺、医生的专业、心理学家的敏锐和教育学家的睿智，还要有耐心、有充沛的体力、有逗人开心的才艺等，这个过程并没有那么欢乐。你的身体不再属于自己，时间不能由自己做主，人生目标被孩子的人生目标替换，不能提高音量对孩子说话，不能表现出自己不舒服，不能在孩子面前哭泣，在与孩子的交往中应该永远充满幸福感和愉悦感。真正做过母亲的人会明白那种突如其来的困惑、自我怀疑、内疚和自责，懂得那种“没有依靠，只能依靠自己”的感觉，以及眼前的现实与理想之间的落差。

◇重新学着做女儿

每个女儿不论与自己的母亲平时再情同姐妹，自己做了妈妈之后，两代人不同的经历、不同的喂养方式、不同的观念，甚至是母女之间的相互心疼，都会成为爱与痛并存的导火索。

◇与婆婆的磨合

这个无须多言，二三十年从未谋面的两个女人因为爱着同一个男人而走到了一起，风俗、语言、饮食习惯、说话方式、认知水平、对待那个共同爱着的男人的态度等，都有可能使婆媳关系陷入万劫不复的深渊而再无回转余地。脾气好的婆婆等你坐完月子立刻逃之夭夭，你肯低声下气求她帮忙，她却未必肯心甘情愿再来看你脸色；而脾气不好的婆婆说走就走，还到处哭诉儿媳有多难伺候，如何处处刁难老人家。当然，也有人能遇到比亲妈还包容自己的大气婆婆，可婆婆对你的体谅和心疼，又让你觉得被剥夺了当妈的权利。

◇对丈夫的新认识

不要天真地以为孩子是爱的结晶就会让爱情更加甜蜜持久，有人说，3岁以前的孩子是夫妻感情的“头号杀手”，还真有可能是这样，男人和女人对待孩子态度的差异、父爱与母爱生成过程的不同步，足以使夫妻二人一天到晚争执不断。

◇与闺蜜的渐行渐远

有了孩子的女人哪怕以前再不爱说话，生产后见到闺蜜都会变成话痨，但话题从来离不开家长里短和自己的宝宝：从如何发现生产迹象到如何熬过生产前的阵痛，从孩子出生后的第一声啼哭到孩子的屎尿屁，从不靠谱的婆婆到没有责任心的老公。有孩子的闺蜜特别能产生共鸣，两个人各自滔滔不绝地讲述着自己“多么痛的领悟”，其实根本不太在乎对方说了什么。而没孩子的闺蜜听到屎尿屁已经要作呕了，愉快地一起吃顿饭的愿望好像都已经难以实现。

需要再造的关系还有很多很多，比如在有二宝的家庭中，妈妈与大宝之间的关系等。不管怎么样，对于妈妈来说，在各种关系的再造过程中，需要调整好自己的情绪，寻求适当的帮助，学会放轻松，和宝贝一起成长。

Tips

新手妈妈们需要调整好自己的情绪，从各种关系中寻求适当的帮助，心态放轻松些，和宝贝一起成长。

“半糖”妈妈：新手妈妈的准则

没有完美的妈妈

欢欢出生时，妈妈才24岁，这个非常年轻的妈妈，与刚刚退休的婆婆同住，于是，照顾欢欢的任务基本都落在奶奶身上。欢欢出了月子便断了母乳，欢欢的妈妈经常工作、应酬、闺蜜聚会，基本想不起来自己还有一个女儿在家，偶尔早早回家，也很少会自己照顾欢欢。欢欢长大一些之后，每次看到妈妈和其他小朋友说话就会大哭大闹，欢欢妈妈开始还能好言好语哄她，后来就懒得理欢欢，母女两人陷入冷战。欢欢现在上了小学，很害怕别人不喜欢她，总是想尽各种办法表现自己、讨好别人，得不到关注就会发脾气，对其他小朋友是又爱又恨，既想让小朋友们接受自己，又怕他们抢了别人对自己的爱。欢欢妈妈对此很头疼，却也无计可施。

波波早产，因体重过轻、心脏导管未闭合、肺部发育不完全等问题，刚出生就被送进了重症监护室，直到20天后妈妈才见到波波。期间波波用了呼吸机、输液等，波波妈妈觉得这是因为自己怀孕期间没有好好照顾波波，因而对孩子很内疚，希望能做一个好妈妈弥补孩子，她从此做起了全职妈妈。此后，她总觉得只有自己才是孩子最需要的那个人，看不惯丈夫笨手笨脚照顾孩子的样子，一切事情亲力亲为。波波倒是长得很健康，乖巧又善解人意，但是只认妈妈，不信任爸爸，气馁的波波爸爸逐渐不再参与育儿，波波妈妈有时候觉得很辛苦也很委屈，但也很难把心思放在波波之外的人和事上。

从上面两个例子就能看出，妈妈们往往会表现出两个极端：前者是反正有人替我爱孩子，我要活出自己的精彩；而后者又过分地夸大妈妈的作用，患上了“但是孩子需要我”综合征，将其他人都从孩子的世界中排挤出去。妈妈是孩子与世界联结的第一位引路人，孩子与妈妈的关系亲密与否，会直接影响到他成年后的人际交往能力。妈妈虽然是孩子出生后最重要的人，但不是唯一重要的人。

不要一味地追求完美的母爱。有时候，你需要允许自己犯错，也要允许孩子犯错；做母亲这件事并不是“天生就会”的技能。我们进入母亲的角色，就像进入其他的生活角色一样，只有在不断地学习和尝试中渐渐适应，才能变得更加成熟、更为尽责、游刃有余。

不要让亲子关系过多地影响夫妻关系。良好的婚姻和亲密关系是家长给孩子最好的示范，因此不要盲目地将孩子的需求放在夫妻的需求之上。

给自己一些自我关怀的时间。比如每天抽出一点时间做自己喜欢做的事情，不要总觉得你是一个超人。你可以寻找支持小组，和有相似经历的人在一起交流，不要害怕谈论自己初为人母的负面情绪，因为那并不意味着你不爱自己的孩子。你更可以对自己的人生有所规划，因为你的孩子终将长大去过属于自己的生活。

Tips

新手妈妈的准则——不要一味地追求完美的母爱；不要让亲子关系过多地影响夫妻关系；给自己一些自我关怀的时间。

“半糖”妈妈的法宝

◇法宝一：做好CEO——提前选好育儿团队

亲戚朋友中有育儿经验的夫妻都可以成为每个新手妈妈支援小组的良好人选，以便在做妈妈的第一年获得强有力的支持。从自己信赖的亲人中选择一个能照顾自己月子的人或者选择一个可靠的月嫂，并提前进行磨合，找出各自擅长的事进行分工，会避免日后的很多麻烦。妈妈和月嫂的组合一般是最让人省心的模式，月嫂有着丰富的育儿和照顾产妇的经验，也具备一定的专业素养，会根据产妇的要求随时进行调整，出现矛盾也有相应的月嫂公司进行处理，雇佣关系结束就再无瓜葛，不存在长远的矛盾。但是，月嫂收费较高，一般有健康老人能帮忙的家庭，未必愿意支付这样一笔额外的开销；同时，有些盼孙心切的老人，认为没有必要花那一份冤枉钱，因此，更多的家庭中还是妈妈和奶奶或者妈妈和姥姥这样的组合。这两种组合，不管之前相处得多么融洽，在宝宝出生后，都会或多或少出现一些摩擦，久而久之杀伤力可能比较大。因此，双方都要做好充分的心理准备，特别是年轻的妈妈们，需要怀着一颗感恩的心去看待与奶奶或姥姥之间的分歧。还有一种就是姥姥、奶奶或者家里的其他较为清闲的亲戚承担起育儿的主要责任，新手妈妈们对孩子放任不管或只是偶做指导，不论这是妈妈们的主动选择还是无奈之举，这样的情况对宝贝来说都是最不情愿面对的。

◇法宝二：不要等待爸爸的幡然醒悟

育儿是夫妻两个人的事情。因为哺乳的原因以及长久以来的社会观念，妈妈们承担着主要的育儿工作；但是，越来越多的女性不仅要撑起家庭经济的半边天，还要做繁重的家务，这让新手妈妈越发疲惫不堪。沉默、唠叨、说教，似乎都不能让新手爸爸从男主外女主内的梦中醒来，反而会适得其反。因此，新手妈妈们需要勇敢地求助，直接告诉他你希望他做什么，比如给宝宝洗尿布等，否则，后知后觉的新手爸爸们一定会为自己有一个能应付一切的超人妻子而暗自得意。或者，新手妈妈们也可以选择在每天特定的时间请爸爸带吃饱喝足的宝宝出去散步，让爸爸和宝宝有机会独处。再或者，宝宝哭闹的时候，给爸爸机会去安抚宝宝的情绪，而不要立马自己接手或者怀疑爸爸的能力。让宝宝逐渐适应爸爸，也让爸爸从中获得被需要的感觉，只要新手妈妈们有耐心，就在润物细无声的提醒中等待新手爸爸对照顾宝宝逐渐上瘾吧。

◇法宝三：宝宝并不属于你——独立个体

“你的儿女，其实不是你的儿女。

他们是生命对于自身渴望而诞生的孩子。

他们借助你来到这世界，却非因你而来，

他们在你身旁，却并不属于你。

你可以给予他们的是你的爱，却不是你的想法。”

——纪伯伦

每一个人，都带着时光的烙印活在这个世界上，因此，我们或多或少地会将自己未达成的愿望寄托在孩子身上，按照自己认为最完美的方式去照顾、引导、要求孩子。

丽丽的父母向来都是很节俭朴素的人，对丽丽的要求很严格，虽然家里经济状况很不错，但是从不允许丽丽跟随潮流买一些喜欢的东西，就连选择兴趣班，也不允许丽丽自己做主，他们逼迫丽丽学习她根本就不喜欢的画画。久而久之，丽丽觉得很不自由，当她有了自己的女儿后，她发誓一定要让孩子自己做主，不做严厉的母亲。于是，女儿的玩具堆满了整个房间，很多连包装都没有拆开；女儿的衣服塞满了整整一柜子，有些连标签都没剪下；女儿从1个月开始就穿梭于各种早教班，被陌生的老师任意摆布；再大一些，家里总有各种各样新奇的无添加小零食，到正儿八经吃饭的时候，女儿却一口都吃不下。女儿身体一直不好，总爱生病，让丽丽很心疼。

像丽丽这样的妈妈，现实生活中有很多，她们总想把自己认为最好的给自己的宝贝，可是，妈妈们在竭尽所能给予宝贝的同时，还要去想一想，你穷尽一生所追求的最好的，是不是恰恰是你曾经最渴望却总也得不到的东西呢？孩子不是父母的复制品，更不是父母生命的延续，从他存在的那一刻起，他就是一个独立的个体，通过妈妈的身体来到这个世界，通过妈妈来认识这个世界，但是妈妈不必用一种充满期许的眼光看待眼前的小家伙。他是你的宝贝，但他不会替你实现梦想；你是他的妈妈，但你不必把所有的希望都放在宝贝身上。孩子的肩膀还太稚嫩，撑不起两个人的梦想，而你还年轻，不必为了孩子失去自我。总有一天，孩子会长大，会有他的人生，而妈妈能做的，就是陪他一起长大，仅此而已。

◇法宝四：宝宝可能只是缺爱了——及时回应

Tips

新手妈妈们不要吝啬自己对宝宝的爱，你给予的爱越多，宝宝带给你的惊喜和快乐也将会越多。

近几年的育儿书，已经很少出现极端的“不许抱不许哄不许晃”的字眼了。这曾经一度很流行，如今还得到不少人的追捧，认为宝宝不饿、也没有尿湿裤子、但就是大哭不止的时候，是在用哭声威胁家人，获得关注。没错，宝宝不缺吃、不缺穿，就是想获得关注，但他的哭声并不是威胁，而是求助。1 岁之前的宝宝还不会说话，不能通过语言表达自己的意愿，或许他有些不舒服，或许他仅仅就是缺爱了，他的皮肤有些“饥饿”，想得到一些温暖的抚摸，他想和人亲近，想闻闻妈妈的味道，想听听妈妈的声音，想知道这个家是安全的，想随时随地能得到回应……刻意地忽视孩子的哭闹或是等待孩子哭够之后才去安抚，会让宝宝觉得自己是不被爱的、不受重视的。慢慢地，宝宝幼小的心灵会受到深深的伤害，会胆小、不自信、不相信别人对自己的爱是单纯的，这对宝宝和妈妈的关系以及宝宝的性格会造成难以弥补的伤害。

◇法宝五：宝宝需要尊重——个体的发展规律和知情权

妞妞的妈妈是个“话痨”，从妞妞出生开始，她事无巨细都要和妞妞解释：吃了什么、听见了什么、看到了什么等；出门前要和妞妞报备：去干什么、去多久、大概什么时候回来、妈妈不在的时候谁会照顾妞妞、妞妞需要做些什么，也总会在答应妞妞的时间赶回来。妞妞姥姥一度认为自己的女儿因为照顾孩子太辛苦，大脑有些不正常了，居然会对一个听不懂话的小家伙絮絮叨叨，但又不敢当面和妞妞妈妈讲，怕刺激到妞妞妈妈，只能自己默默担心。

很难去想有多少妈妈会像妞妞妈妈一样和刚出生的孩子聊天，也很难去嘲笑妞妞姥姥的担心有些多余。因为很多人会不屑一顾地说："那么大的小家伙能听懂什么？"甚至打疫苗的小护士听到妞妞妈妈对妞妞说，"等会儿要打针了，有一点点疼，妈妈陪着你，宝宝忍耐一下啊，很快就好了……"这时都会笑出声，接着满是戏谑地问一句："她能听懂？"每当这个时候，妞妞妈妈都很为难，她想说能，又害怕别人异样的目光，她要说不能，又觉得宝宝的确能明白。笔者很赞同妞妞妈妈的做法，每个孩子都有知情权：他想知道身边为什么会有陌生的面孔；他想知道为什么突然被一个穿着白大褂的人扎得好疼；他想知道妈妈为什么消失不见又突然出现；他想知道很多很多……他的眼神、表情、身体的动作会告诉你他对什么感兴趣，他希望你能解释，他明白你的无奈，他懂得你的爱，只要你愿意告诉他，他一定会用他的方式"听懂"你的心情。

◇法宝六：隐形"守夜人"——提供感知觉的发展空间

如果让所有妈妈说一个感到又好笑又无奈、又喜欢又讨厌的0岁宝宝的行为，肯定是与宝宝吃手、吃脚、吃玩具、吃任何能摸得到的东西有关。1岁以内的宝宝喜欢用触觉来满足自己的好奇心，从把玩自己的小手、小脸、小脚丫开始，每一个他摸得到的东西，他都想放在嘴巴里尝一尝，这让很多妈妈都很头疼，怕宝宝吃了什么不干净的东西闹肚子。确实，妈妈的担心也是非常有必要的，小宝宝的肠胃还很娇弱，但是，每个人都是经历了这样的阶段才长大的。处在口唇期的宝宝，只有通过摸一摸、咬一咬才会逐渐发现原来摸得到的有些东西自己咬起来会感觉到不舒服，有些东西咬起来硬硬的，有些东西好像有弹性，有些东西味道还不错。用手摸、用嘴巴咬，就是属于0岁宝宝最有意思的游戏，妈妈们大可不必为之烦恼，你只要洗干净宝贝的小手小脚，打扫干净房间的卫生，给宝宝挑选较大的、不容易吞食的玩具并提前消毒，就让宝宝尽情地手口并用，发现这个奇妙的世界吧。

父母随笔

第2章

男人需要一些时间成为爸爸

你的宝贝，在无数次的练习中学会了叫爸爸，而被称为爸爸的那个人，在经历了无数次的失望、嫌弃、怀疑之后，才逐渐接受了“爸爸”这个称呼。

英雄无用武之地：新手爸爸的尴尬

飞飞的提前到来让爸爸措手不及，在医院度过了两个不眠夜之后，这个男人终于迎来了飞飞。办理好所有的手续，将飞飞及其妈妈安顿好，接待了一批又一批前来道贺的亲朋好友，安慰妻子，笨手笨脚地抱飞飞，被医生、护士、七大姑八大姨轮番教育，飞飞爸爸筋疲力尽，站着都能睡着。

男人作为家庭的守护者，当了爸爸之后虽然不会经历新手妈妈那样的激素和生理转变，但小家伙的到来，多少还是会让新手爸爸有一段情绪低落的日子。宝宝刚出生时，爸爸们当仁不让当起照顾宝宝和新妈妈的勤杂工，在这个过程中，他们的身心在经受考验。休息不够、睡眠不足，面对哇哇大哭的小家伙束手无策，面对精神脆弱、身体虚弱的妻子，男人稍有不慎就会招来女人的嫌弃和不满，更不用提女人对男人生理、情感需要的忽视和对“亲密接触”的拒绝。两个家庭关于育儿的分歧、婆媳关系等等都会让新手爸爸左右为难，两头受气。被所有人呼来喝去，仿佛他是家里最无所事事的那个人。要承担起照顾家里所有人的重大责任，不管之前做好了多么充分的心理准备，真正发生的事情总会让大男人措手不及，毕竟，没有人告诉过他们该如何当一位小婴儿的父亲。一些担忧自己不能胜任父亲角色的新手爸爸，在妻子生育前后，生理、心理上适应不了角色的转化，也无法承受来自生活和工作的双重压力，严重的挫折感让很多爸爸只好“退居二线”，做起单纯的“后勤保障工作”或是干脆退回到自己的事业中去，寻找在家庭中难以获得的成就感。

提到产后抑郁，我们总是习惯性地想到新手妈妈，而新手爸爸也是第一次成为父亲，对父亲角色的恐惧和随之而来的各种压力让他产生一些不可理解的想法和感受是完全正常的，愤怒、内疚、压抑、悲伤，是谁都可能有的情绪。当妻子的注意力更多地花在孩子身上，用哺乳自然而然地与宝宝产生联结时，男人并不知道该如何和新生儿建立感情，所以他们通常只能做一些脏活累活，这使得他们对孩子的到来没有产生什么好感。

温馨贴士

新手爸爸面对低落的情绪的时候，要主动与妻子沟通，坦诚自己心中的想法，比如哪些地方是需要协助和鼓励的。在妻子无法照顾宝贝的时候，试着用自己独特的方式照顾宝宝，比如给宝宝洗澡、读书、哄睡等，从而让宝宝和妻子感到放心。当感觉压力非常大的时候，不要羞于谈论自己在育儿中遇到的困难，寻找一些过来人的经验支持或选择积极健康的情绪排解方式，暂时的缺席一定会得到妻子的体谅。最重要的是，爸爸们要意识到，和开始任何新工作一样，开头总是最难的，做出调整需要一段时间，而之后一切都会变得顺利起来。

爱的启蒙：新手爸爸对宝贝的爱需要培养

对所有的爸爸来说，孩子的到来对其是一种隐性“伤害”，妻子不再关注他的饮食起居，产后妻子的身材也变得不那么赏心悦目，他们开始要独自承担更多的家务，不能和朋友通宵达旦地进行娱乐活动，即便是正常的加班也需要看妻子的状态。可以说，在妻子怀孕、生产以及之后的一年，甚至很长一段时间里，爸爸们都是在适应“第三者插足”带来的不便和困难。所以，很少有爸爸从孩子出生起便深深地爱着自己的孩子，“怎么这么丑呀？”“什么时候才能长大呀？”等一些问题常常萦绕在新手爸爸的心中。

感情是需要培养的，爸爸对宝贝的爱也需要培养，只有在长期的互动中，爸爸对宝贝的爱才能深刻、升华。然而，如果爸爸外出奔波挣钱、经常出差或者在外地工作，本来就不善于和孩子沟通的爸爸们，如何利用有限的时间培养起对宝贝的爱呢？

◇怀孕期间做好胎教

爸爸和孩子的感情培养要从妻子怀孕时说起，胎儿在准妈妈肚子里四个月大时，父母就可以开始做胎教。胎教可不是准妈妈一个人的事，准爸爸的角色也很重要。爸爸在表达对妈妈的爱意的过程中加入“胎教”内容，每天对着妈妈的肚子给胎儿讲故事、说话、唱歌，让妈妈和胎儿每天都能听到爸爸的声音，让胎儿熟悉爸爸的声音。这样孩子出生后对爸爸就不会陌生，就会有一种亲切感；而妈妈也会在这一过程中体会到丈夫对家和自己的珍爱，夫妻感情也会得到增进。

◇与妈妈一起出现在宝宝的视野中

学会“狐假虎威”。在宝宝的视野里，出现最多的是妈妈的脸，所以大多数婴儿更依赖妈妈。有些孩子不亲近爸爸，就是因为很少看到爸爸，对爸爸没有足够的信任感。所以这时候，新手爸爸们需要“狐假虎威”，尽量多地和妈妈一起出现在宝宝的视野中，让他渐渐熟悉你的面容。在妈妈的指导下，可以尝试去满足宝宝的一些需求。时间长了，宝宝对爸爸也会萌生出信任感，这是培养爸爸同宝宝感情的基础。

◇释放你的表情包

妈妈们都是通过眼神交流和面部表情与宝宝建立亲子感情的，你也可以这么做。等宝宝长到2个月大时，他也许就能用自己的微笑来回报你！新手爸爸还可以充分发挥自己的表情优势，做出各种鬼脸，用各种办法逗乐你的孩子。但这时候一定要注意，孩子对你的各种表情表现出不满意时，你要适度调整甚至知难而退，等到宝宝心情大好时再去尝试亲近他。

◇给宝宝做抚触

给宝宝做抚触会让你感觉和他更亲近，宝宝也喜欢这样，而且以后，他对你的关注会有更积极的回应。你可以碰碰他的小脸蛋、小手、小鼻子，但一定要注意，开始的时候动作要轻柔，有些宝宝可能会比较不安分，你要做好心理准备。

◇多照顾宝宝的生活

宝宝出生后，最麻烦的事就是换尿布。爸爸不妨试试给宝宝换尿布，这也能成为加强父子或父女感情的一个好机会。除了给宝宝换尿布，你也可以试着给宝宝喂奶，但是冲奶后要在手上试一试温度，同时要将宝宝抱起来喂，不要让其躺着喝奶。如果孩子还处于母乳喂养期，在宝宝喝完奶昏昏欲睡的时候，爸爸可以抱着宝宝哄他睡觉，宝宝习惯了爸爸的怀抱后，醒着的时候也更容易接受你的安抚。

Tips

新手爸爸如何利用有限的时间培养对宝宝的爱——

◎怀孕期间做好胎教；

◎与妈妈一起出现在宝宝的视野中；

◎释放你的表情包；

◎给宝宝做抚触；

◎多照顾宝宝的生活。

“最佳第六人”——新手爸爸的责任

新手爸爸的准备与服务

“最佳第六人”是NBA联赛评选出来的年度最佳替补队员，而爸爸，也是妈妈照顾孩子的最佳替补。虽然男人在初为人父的时候可能受尽了委屈，但是对育儿有些心灰意冷的爸爸们，一定要在最初的几周甚至几个月里对母婴关系有充分的理解，做好替补的准备，随时等待呼唤。在最初的几周里，妈妈对宝宝的亲密感还不是很稳定，妈妈身体内的育儿激素，让她极度渴望做一个好母亲，但初次尝试的过程中，有欣喜也有艰难，这让女人对如何做一个好妈妈充满了好奇，而宝宝对妈妈的需要也让妈妈无比依恋宝宝，生怕别人的介入会破坏脆弱的母婴关系。因此，新手爸爸在理解妻子对自己的忽视之余，还要做好充分的准备，提供无微不至的服务，取得妻子和宝贝的信任。

◇让家里变得温馨整洁

虽然做家务向来不是男人们擅长的工作，但在非常时期，能让小家变得干净整洁的男人会博得女人不少好感。帮宝宝整理衣橱、每天清扫地板、为宝宝洗换洗的衣服和尿布、偶尔做顿美食、清理厨房等，都会让心情乱糟糟的新手妈妈感激不尽，也会让烦躁不安的宝贝变得安静一些，毕竟，任何人都不喜欢待在脏、乱、差的地方。

◇从小事中传递对妻子的爱意

对妻子嘘寒问暖、帮妻子揉揉酸痛的后背、亲自为妻子端饭送水，都会让妻子对你刮目相看。她会更加相信你是一个好丈夫，也会成为一个好父亲；同时，这样做也会让妻子理解你的委屈和辛苦，因为，你先表现出了对妻子付出的认可。

◇听出女人的弦外之音

有些新手妈妈不愿意求助别人，有些新手妈妈从不抱怨看孩子很辛苦，但总是找各种借口抱怨助手的不得力。其实，妈妈们真正担心的是别人的介入会破坏她与宝宝之间的亲密感。其实她已经很累，需要休息，只是她太爱自己的宝贝，想要把十全十美的母爱都给孩子。新手爸爸们不要觉得女人就是口是心非，爱唠叨，你要懂得妻子的恐惧和倾诉的欲望，并适当地做出回应，同时，也要安抚其他育儿助手的情绪。

Tips

新手爸爸的准备与服务：

◎让家里变得温馨整洁；

◎从小事中传递对妻子的爱；

◎听出女人的弦外之音；

◎证明自己是一个称职的爸爸。

◇证明自己是一个称职的爸爸

做一个称职的爸爸的确很难，但如果爸爸像打赢一场比赛那样投入此事，或者像对待领导安排的工作一样应对此事，便没有什么做不到的。

没有做不到，只有不愿做。从孩子呱呱坠地那一刻起，爸爸、妈妈便承担同样的责任和义务，也开始分享成为“爸爸”“妈妈”的权利。但很多爸爸没有意识到照顾孩子是自己的义务和责任，常常寻找各种理由和借口去逃避或退却，即便在家里，也常常开辟“清静空间”躲得一时清闲。以这样的态度对待家和孩子，却希望分享孩子带来的喜悦，谈何容易？因此，从心理上做好当爸爸的准备是一个称职爸爸首要的责任。

爸爸还需要在照顾家和孩子的过程中付出极大的耐心，就好像对待领导安排的工作一样，不慌不忙，有条不紊，做好每一件小事。“单独带娃”是证明自己的最佳时机，爸爸需要趁机高效地完成任务，并在孩子玩耍的间隙做适量的家务，这无疑是向做一个“好爸爸”迈进了一大步。

爸爸们要做好婆媳之间的“润滑剂”

常言道，“家家有本难念的经”，其中一本就叫“婆媳经”。在家庭中，两代人之间的矛盾和冲突，最明显和最常见的就出现在婆媳关系上。尤其是宝宝出生以后，在“隔代亲”的驱动下，婆婆甘当“志愿者”，住在儿子家帮助小夫妻照顾孩子，或者干脆以各种理由接孙子住到自己家，便于照顾。这时候，婆媳矛盾便处于一触即发的状态。

在养育孩子的观念上，媳妇认为：“孩子是我生的，怎么养理应我说了算，而且我在怎么养育孩子的问题上懂得更多。”媳妇出于对自己孩子的高度责任心和爱心，每一件小事都不允许出差错，更不允许出现方向性的变化。而婆婆则认为：“我好心给你们帮忙，而且我有抚养孩子的经验，什么事都应该听我的。”

在日常家庭生活观念上，由于夫妻之间在活动、打算、开支以及交往等方面有着更多的共同点，这种一致性往往超过母子观点的一致性。而婆婆则常常不理解这点，容易产生“儿子娶了媳妇忘了娘”的心态，误认为儿子对自己的感情被儿媳夺去了，因而迁怒于儿媳。

因此，从婆婆跨进门那一刻起，爸爸们便需要注意观察，随时化解矛盾于无形无影之中。婆婆有了烦恼，就找儿子诉说；媳妇受了委屈，要向丈夫倾吐。在这种情况下，新手爸爸们倘若只听一面之词，信一面之理，偏袒一方，指责另一方，就无异于火上浇油，使矛盾加剧。爸爸们只有一碗水端平，既不使母亲感到失望，也不让妻子有苦无处诉，才能缓解婆媳矛盾。比如，遇到婆婆数落媳妇的不是时，作为儿子要尽量替妻子承担责任，缓和气氛；若是遇到妻子诉苦，则宜向她多做解释和安慰，要她看在夫妻情分上，原谅老人，使她消除怨气。新手爸爸充当调解人，做好“润滑剂”，婆媳关系才能日益好转，家庭和睦才可能实现。

第3章 合格父母的通关秘籍

世界上最容易的莫过于成为父母，不需要任何资格证明，不需要谁的认可，只要你愿意。世界上最艰难的也是成为父母，因为你要为一个生命负责。如果有一天，成为父母需要像成为任何专业技术人员一样需要资格证书，又有多少父母能通过资格审查呢？

无所不能的父母

父母是宝宝的营养师——饮食

初为父母，不管你多大年龄，肯定有过突然想念妈妈做的美食、想念故乡小吃的经历。没错，饮食的习惯和爱好，在每个人的生命初期，已经由父母选定并且日复一日地实践了。纵使成年后离开故乡很远，但家的那个味道总是让人魂牵梦绕。笔者的一位老师说，如果一个人的饮食习惯完全改变了，那他真的不再是曾经的那个自己了。

做好宝宝的营养师，要掌握营养方面的知识，要对婴儿发展有所认识，还要根据自己宝宝的情况做创造性的调整，真的不是一件容易的事情。你给宝宝选择的食物以及饮食方式，会帮助他形成一辈子的饮食习惯。对于宝宝来说，吃饭不仅仅是填饱肚子，还是一种与人交流的活动，这是宝宝与喂养他的那个人共同完成的一件人生大事。

◇母乳喂养

母乳喂养是众多喂养方式中最古老、最有效的一种。妈妈的乳汁是为自己的宝宝量身定制的，没有哪两个妈妈的乳汁是一模一样的，每一个妈妈都有独特的乳汁，母乳中大概有400种营养物质是配方奶粉里没有的。比如，母乳中独特的营养物质DHA和ARA（都属于Omega-3脂肪酸），对神经组织的生长发育至关重要，它能促进婴儿大脑的发育。有研究表明，母乳喂养的宝宝大脑中DHA浓度高于奶粉宝宝，而喂得时间越长，宝宝大脑中DHA的浓度就越高；母乳中含有促进脂肪消化吸收的脂肪酶，可以帮助宝宝更好地吸收身体发育所需要的脂肪，正是因为如此，母乳宝宝的大便没有刺鼻的酸臭味道；母乳中的乳清蛋白对宝宝没有发育成熟的肠胃更加友好，乳清蛋白将乳汁中的铁运到宝宝的血液里，保护了宝宝肠胃里的有益细菌；母乳中的乳糖含量比牛奶高出20%左右，而乳糖不仅对中枢神经系统发育有重要的作用，还有利于钙的吸收，对骨骼发展非常重要；母乳中的维生素、矿物质和铁的含量虽然不及配方奶粉高，但是其生物利用度非常高，大多数都能进入宝宝的身体，而不是随着大便排出；母乳中所含的白细胞和免疫球蛋白就像天然的抗生素一样，在宝宝的免疫系统还不成熟的头6个月保护着宝宝，因此，妈妈的初乳也被认为是宝宝的第一针预防针，在宝宝免疫系统最脆弱的时候提供援助；最后，母乳最大的好处是母乳的成分会随着宝宝的成长和需要进行微调，初乳和成熟乳中的维生素和矿物质含量的变化刚好能适应宝宝快速生长的需要。

除了上面所提到的母乳对宝宝的众多好处，有人还能列出母乳喂养对妈妈产后恢复的很多好处，在这里就不一一列举了。如今，越来越多的妈妈都会优先选择母乳喂养方式，只是，宝宝刚来到这个世界，妈妈也是刚刚开始成为妈妈，妈妈和宝宝该如何进行第一次的“约会”，是需要不断练习并且相互体谅的。从理论上来说，越早让宝宝开始与妈妈互动并且吮吸奶头，初乳的分泌会越顺利。然而，罗马不是一天建成的，第一次“约会”也很少是完美的，什么时候开始第一次喂奶，要视妈妈的身体恢复情况以及婴儿的状态而定。有些新手妈妈不管是身体还是心理都没有做好哺乳的准备，有些宝宝不会吮吸或没有力气吮吸，但这些，都将随着时间和练习不再成为问题。

在哺乳之前，先帮宝宝换好尿布，以防他在吃饭的时候有了便意而让大家都手忙脚乱。妈妈则需要洗手，清洁乳房周围，也有人认为，母乳会滋养妈妈的乳头，起到消毒杀菌的作用，不必过分地进行清洁。还有，爱美甲的妈妈们要暂时忍耐一下，短而整齐的指甲对宝宝更加卫生安全一些。哺乳的姿势大体上有两种：坐着和躺着。选择哪种姿势首要考虑的是妈妈和宝宝的舒适度，可以借助枕头、U形垫等让自己和宝宝都处于一种比较放松的状态，毕竟，没有人会在很难受的姿势下还能享受美食。

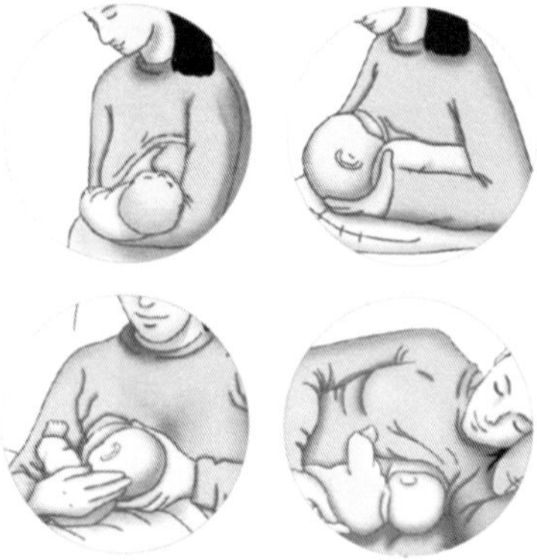
母乳喂养姿势图

做好准备工作后，就可以开始喂奶了。刚出生的婴儿在妈妈的胸口会做出寻找乳头的动作，但不是所有的宝贝都能够准确含住乳头，这时，他们就需要妈妈的帮助了。有些妈妈会惊讶地发现，小家伙吮吸的力量如此巨大，但也有一些宝贝会先舔一舔，吸几下，然后停下来，接着再舔一舔，吸几下。这在婴儿出生头几天都很常见，是宝宝在和妈妈的乳头打招呼，等他熟悉了，就会放心地大快朵颐。

朵朵妈妈是个很忠实的母乳喂养者，但是，说起母乳喂养，她的感觉就是疼痛和煎熬。

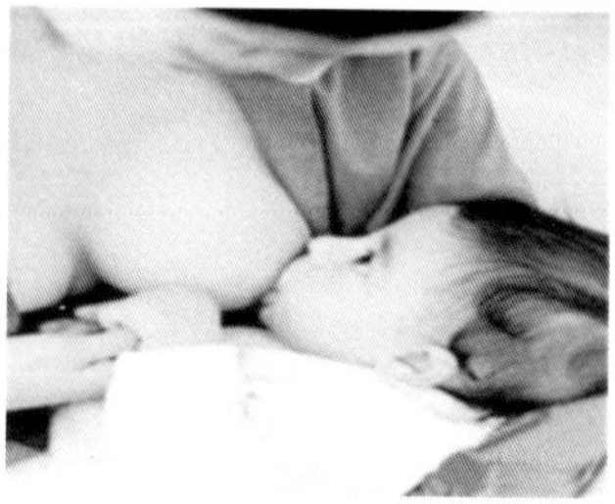
母乳喂养图

母乳喂养中乳头疼痛、妈妈体会不到快乐等问题，或多或少与哺乳的姿势有关系。妈妈要舒舒服服地靠在某个地方让宝宝靠过来，而不要将身体前倾将乳头往宝宝那里凑。另外，宝宝只含着乳头是很难吸出奶水的，也容易让妈妈的乳头皴裂，明智的做法是趁宝宝嘴巴张大到像打哈欠那样时，把乳晕和乳头一起送到宝宝嘴巴里，正确的含乳姿势会让宝宝和妈妈都觉得比较舒服而不会带来任何疼痛。宝宝成功衔乳后，妈妈需要用“C”字形的方式帮助宝宝托住乳房，免得乳房的重量让宝宝吃奶的动作不那么流畅。

玲玲和玉玉是一对双胞胎，一开始妈妈总是觉得奶水不够宝宝吃，经过一段时间的磨合后，妈妈的乳汁不仅能够养活一对双胞胎女儿，甚至还有富余。

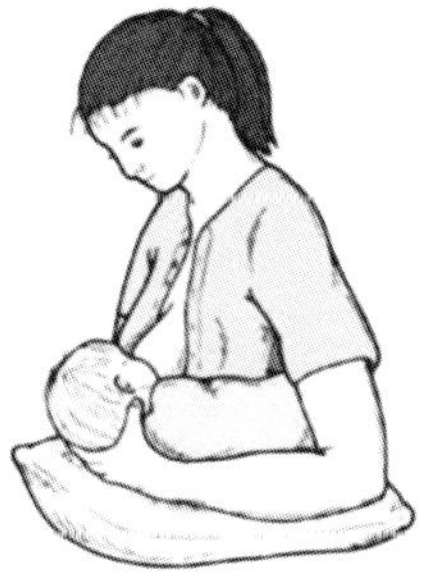

母乳 C 型抱图

母乳的量也是很多妈妈纠结的地方，甚至是家庭矛盾的导火索。妈妈泌乳的能力是由乳腺的数量和工作状态决定的，而非乳房的大小，乳房的大小更多地取决于脂肪组织，所以，乳房的大小并不能决定奶量的多少。

泌乳系统看起来像一棵长满枝桠的树，像树叶一样的腺体组织生产乳汁，然后经过管道到达储存乳汁的乳窦，乳头上分布的 15 ～ 20 个开口会排出乳汁。宝宝刚开始吮吸时吃到的就是储存在乳窦中的前乳，比较稀薄，脂肪含量不高，随着宝宝的吮吸，乳头上的神经传感器会刺激妈妈们的脑垂体分泌催产素，这种激素刺激乳腺分泌乳汁和额外的脂肪，称为后乳，含有更高的脂肪和蛋白质，也更有营养。因此，乳房软趴趴不容易胀的妈妈们不必担心，对宝宝的成长起到关键作用的后乳是新鲜出炉的，而不是早早生产好储存在乳房中的。一开始，有些妈妈新鲜出炉的后乳分泌较少，宝宝一次只能喝一点点，很快就会饿，饿了就会哭，在这个阶段妈妈和宝宝都很辛苦，总是要不分昼夜地喂奶、吃奶，相互磨合，但是宝宝的吮吸会促进母乳分泌，而随着宝宝奶量的增加和进食的规律，母乳的量也会增加。另外一些妈妈泌乳素功能比较强大，可能宝宝还没有到哭着要吃的时候就已经分泌了大量的前乳，使得乳房胀得像石头一样，妈妈们忍耐一下等待宝宝或者轻轻挤出一些让自己觉得舒服一些，等过一段时间，妈妈的大脑熟悉了宝宝的饭量后，分泌的周期和量就会形成规律，最终，妈妈和宝宝之间就会达到供需平衡。

另外，吮吸会促进母乳分泌，但是也并非吮吸的时间越长越好，一般单侧吮吸是 15 分钟左右，而且每次最好两侧都要让宝宝吮吸。如果宝宝吃完一侧已经饱了，妈妈们要将另一侧的奶水吸出来，记得下次喂奶的时候，先吃上次没有吃的这一侧，这样，就不至于让奶郁积在乳房中，形成肿块或堵塞，甚至让妈妈的神经觉得不必再分泌乳汁了，进而使得奶越来越少。经过 1 ～ 2 个月的磨合，宝宝吃奶的时间会相对规律，基本上就是 3 ～ 4 小时一次，当然，也有些小朋友能坚持 5

个小时不吃不喝，就是为了等妈妈回家吃母乳。判断母乳是否充足的依据不是妈妈的乳房而是宝宝每天喝奶的次数，以及宝宝的睡眠、肤色、哭声、小便的量和颜色、情绪、体重等。当然，有时候宝宝其他方面都很正常，就是体重增加缓慢，这可能是每个孩子的生长规律不同，不一定是奶水质量不高。

断奶，是每个母乳妈妈需要面临的又一个哺乳难题，它意味着为母乳喂养画上完美的句号，关系到妈妈和宝宝的生理和心理等诸多方面。断奶本身没有负面的意思，但是，在我们的生活中，断奶总是包含着些许的无奈或者负面的情绪。比如，产假结束后的妈妈不得不回归到职场中而与孩子短期或者长期分离，以及妈妈的身体原因等等，都有可能让妈妈和宝宝过早地面临这一状况，就算一切都很顺利，在宝宝慢慢长大后，也会逐渐断奶。断奶不意味着失去或分离，而是一个阶段到另外一个阶段的过渡，断奶仅仅取决于妈妈和宝宝两个人。而所谓的母乳在 6 个月以后没有营养之类的说辞，且不说其科学与否，都不应该成为断奶的首要原因。

宝宝对吮吸的需求消失的时候，就是可以断奶的适当时机，一般这会出现在宝宝 9 个月到 3 岁半之间。营养学家和儿科医生建议母乳喂养至少持续到宝宝 1 岁以后，这个时候的宝宝食物过敏的情况已经好转，免疫系统也已经成熟，而且对营养的需求也有所不同，只要妈妈和宝宝准备好了就可以断奶，这也是大家都比较能接受的时间段。当然，宝宝不到1岁就断奶，如果是因为某些无法掌控的情况或是宝宝已经心满意足地准备好了，妈妈们也不必纠结，毕竟，什么时候断奶并不是判断合格母亲的标准。世界卫生组织建议母乳喂养要持续两年，这不光对很多职场妈妈来说是个不小的挑战，对于全职妈妈来说，周围诧异的目光和负面的评价也会让她们有所动摇。其实，经验和研究都表明，延长母乳喂养的时间并不会助长孩子的依赖性，反而会让孩子更独立，更能接受与妈妈分开的状况，可以更安全、稳定地进入下一个发展阶段。

思思6个月了，奶奶催着妈妈给思思断奶，认为6个月后的母乳没有奶粉有营养，妈妈稀里糊涂听了奶奶的话，第二天就和好朋友相约出去玩，留下思思给奶奶照顾。思思因为突然没有了香甜的口粮，没有了妈妈温暖的胸脯，也听不到妈妈熟悉的声音而大哭，而妈妈因为涨奶和想念思思在外面也苦不堪言。

抛开母乳和奶粉的营养问题不谈，断奶，必须是在妈妈和宝宝都准备好了的时候才可以进行，这样仓促地断奶，会让妈妈和宝宝都十分痛苦。准备断奶之前，妈妈需要和宝宝沟通，哪怕是只有几个月大的宝宝没有办法用语言回应，也一定会在内心有所准备。开始断奶了，让熟悉的人（比如爸爸、奶奶、姥姥等）去代替妈妈的温暖，而绝不是塞给宝宝一个奶瓶、一个玩具就了事。妈妈们也不用着急离开宝贝的生活，每天有意识地减少一顿母乳，换用吃辅食、讲故事、出去晒太阳等有意思的活动代替，等宝宝适应后，再减少一顿，这样渐渐地进行直到用奶粉和辅食代替所有的母乳。当然，在这中间，宝宝可能会因为意识到吃母乳的次数越来越少而有所行动，比如拒绝吃奶粉或其他食物等。没有关系，这样的反复很正常，宝宝需要母乳的时候，尽情地满足他，妈妈需要用耐心的陪伴，等待宝宝勇敢地走出这个阶段，进入下一个阶段。

另外，对于妈妈来说，断奶是一件无比失落的事情，那个曾经完全属于自己的小孩，似乎在慢慢离自己远去，而送他远去的又恰恰是自己，那种矛盾复杂的心理，也只有做过妈妈的人才会懂得。可是，生命何尝不是在一次又一次的“断奶”——离开妈妈的子宫、离开妈妈的乳房、离开妈妈的床、离开家、离开妈妈的生活——中升华的呢。龙应台说过：所谓父母子女一场，原本就是目送他离开，看着他的背影，渐行渐远。

◇人工喂养

木木出生2个月后，妈妈因为工作的压力和身体原因，几乎没有母乳，在各种努力无果的情况下，妈妈为木木添加了配方奶粉，6个月左右就已完全人工喂养。曾经一度，妈妈每天都陷入深深的自责中，觉得自己连孩子都喂不饱，还怎么成为一个合格的母亲。

人工喂养主要是用配方奶粉代替母乳的喂养方式，因为妈妈的身体、心理及其他特殊原因（工作的需要等）或宝宝的生理原因（舌系带过短、过敏等）而无法母乳或不能坚持长期母乳，就不得不为宝宝选择喂养替代品，比如婴儿配方奶粉。无论如何，放弃母乳喂养应该是妈妈深思熟虑的结果，不必苛求自己，也不要在没有尝试的情况下轻言放弃，一旦做出选择，就无须再为这件事过多地忧虑。

配方奶粉是以人类母乳的营养作为参考标准，以母乳中发现的蛋白质、脂肪、碳水化合物、卫生乳、矿物质和水的比例制造出来的奶粉，蛋白质、脂肪和碳水化合物来自牛奶、羊奶、大豆或其他植物，而维生素、矿物质和其他营养物质是人工制造出来后添加到以牛奶、羊奶或大豆为基础成分的奶粉中。配方奶粉虽然不及母乳那样方便、纯天然，而且从品牌到购物渠道的选择都会使妈妈们眼花缭乱，其实，只要选择在家庭经济承受范围之内并且是宝宝喜欢的品牌就好。宝宝是否喜欢主要要考虑配方奶粉与宝宝的契合度，如宝宝的口味偏好、是否过敏等。另外，购物渠道的安全保障、货源的充足和连续性也是需要考虑的，毕竟，在很长一段时间内，人工喂养的宝宝要靠配方奶粉成长。在决定使用哪一种奶粉之前，**询问周围妈妈们的意见是个非常不错的主意**，妈妈们很乐意事无巨细地向你提供她们的经验，这会避免走很多弯路、花很多冤枉钱。但是，**每个宝宝的需求和偏好都是独特的，最终的决定权还是在于你自己**，可以从妈妈们的经验中筛选出一些比较适合的品牌，然后**买试用装先给宝宝尝尝**，观察宝宝吃奶的过程是否享受、吃过之后是否会有肚子不适、是否会便秘或者腹泻、是否会出现红疹等过敏现象。对了，在选择奶粉的同时，还需要选择一款合适的奶瓶，同样。没有哪一款奶瓶能解决所有宝宝的困惑，但你要相信总有一款奶瓶是为你家宝宝量身定做的，奶瓶的大小、材质，奶嘴的形状、软硬等，都会影响宝宝吃饭的美妙体验。**挑选奶瓶的捷径就是，听取其他妈妈的经验，然后不断尝试，直到找到宝宝满意的为止。**

在这里，我们简单地讲一下奶瓶吧。现在市面上的奶瓶主要有三种材质：玻璃、PPSU、PP。一般刚出生的小宝宝，首选玻璃奶瓶，优点是卫生、安全、容易清洗、导热性好，妈妈们容易掌握奶的温度，耐磨，就算每天洗N次也不会出现变色等问题；缺点就是重、容易摔碎。PPSU是食品级塑料，适用于做饭盒、水杯等，不含有害物质多酚A，安全性上可以保证，也可以蒸汽消毒，比较轻便，不容易摔碎，对稍大一点特别是1岁左右喜欢外出的宝宝来说再合适不过了；只是它在手感上不如玻璃奶瓶，反复清洗、消毒后容易变色，需要及时更换。PP材质的奶瓶已经很少有人选购，因为它不能高温消毒，在安全性和卫生方面都不占优势；它的优点主要是便宜，宝宝的水杯多是这种材质，如果只是用来喝水可以考虑，但如果加上果汁之类有颜色的液体，就会比较容易被染色，为了宝宝的健康，不建议选购。

现在，我们有了奶粉也有了奶瓶，可是，该给宝宝吃多少呢？一般配方奶粉都有建议用量的冲泡指南，按照你所选奶粉的指导去做总是最保险的。但是每个孩子的食量并不是一成不变的，可以在最初没有掌握宝贝饮食规律的阶段趁机锻炼下你的数学能力——在每次喂养结束后，记录宝宝吃饭的时间、吃了多少、饭后的表现、大小便的情况等。然后，你就会逐渐发现规律，从而可以在宝宝因为肚子饿发飙之前做好准备，而不至于手忙脚乱。

◇水

1岁以内的宝宝到底是否需要喝水，总是会有很多不同的答案。有人说，母乳和配方奶粉的水已足够了，额外地喝水会增加肾脏的负担；也有人说，母乳宝宝不需要水，人工喂养的宝宝还是需要的，但不用喝太多；还有人说，不管母乳还是人工喂养，都需要补充额外的水。其实，**是否需要喝水，还是喝水的人说了算**。宝宝的尿量、尿的颜色、皮肤的弹性、所在的环境，以及当你给他水时他是否会喝到肚子里等等，才是判断他是否需要喝水的重要指标。宝宝喝的水最好是温开水，有些父母为了宝宝能多喝点水会加点糖或者直接用果汁代替水，这对宝宝稚嫩的肠胃和肾脏来说确实有些负担重了。随着宝宝慢慢长大，大约6个月以后，照料者可以每天1～2次用冲淡的果汁代替温开水给宝宝喝，既让宝宝感到愉悦也能补充一些维生素。

◇辅食

“小茹4个月大了，每次看到我们吃东西都会吧唧吧唧舔着小嘴，还流口水，是不是可以添加辅食了呢？”一个身为消化科医生的妈妈问道。我反问她：“宝宝的消化系统什么时候才算真正成熟呢？”

这是一个很细心的妈妈，发现宝宝已经对固体食物表现出了浓厚的兴趣，这是添加辅食的信号之一。但是，4个月，一般来说，还不是最佳的时机。**添加辅食决定性的信号是宝宝舌头的挺舌反射消失。**在每个人生命的头3个月，液体以外的东西是无法进入到喉咙的，我们的舌头会将它们自动往外推，这也许是人类防止过早被噎住的保护性反射。在4～6个月时，挺舌反射会有所减弱，但舌头对液体之外的食物的吞咽变得协调至少要到6个月以后了。另外，**建议6个月之后再添加辅食**还有一个非常重要的原因，就是宝宝肠胃中的很多消化酶还没有开始运作，过早地添加辅食会引起宝宝的很多过敏反应，只有等到宝宝肠胃变得成熟时，才有能力过滤不良过敏源，避免引起严重的后果。最后，小宝贝第一颗牙齿的萌发正好也在6个月左右，这足以说明人体是很聪明的，会用不同的方式暗示我们它“准备好了”。

Tips

辅食添加应该遵循由少到多、由单一到多样、由汤状到泥状再到块状的原则。

宝宝第一次吃的辅食，应该是不容易过敏而且味道和母乳接近的食物，如米粉、香蕉泥、米粥等。妈妈修理好指甲，洗干净双手，可以用手指蘸取一点食物送到宝宝嘴巴里，如果宝宝愉快地咽下去，说明他的嘴巴已经准备好了，可以继续喂一两口。第一次喂辅食，并不是要宝宝吃饱，而是给他接触不同于母乳或配方奶粉的新味道，所以，宝宝吃了多少，并没有什么关系，重点是他喜欢而且吃下去了。辅食添加应该遵循的规则是由少到多、由单一到多样、由汤状到泥状再到块状。如果你之前保持了记录宝宝饮食的好习惯，那么现在又有了新的任务——宝宝每添加一样食物，都要记录宝宝添加食物的种类和量，仔细观察宝宝的情绪、肤色的变化、大便的颜色形状等，判断是否有过敏反应，确保宝宝适应新的食物一周以后才可以添加其他食物。

父母是宝宝的催眠师——哄睡

每个人都渴望像婴儿般的睡眠，可是，当你真正照顾过婴儿就会知道，婴儿的睡眠并不值得羡慕。他们总是睡睡醒醒，很难有长时间的深度睡眠，导致很多父母总是在抱怨，自从有了宝宝，很少能睡个好觉。

哄睡，对每一个父母来说，都是一门非常困难的必修课，需要父母非常用心地去发现宝宝的喜好，适应宝宝的规律。只有掌握了让宝宝睡得舒适安稳的技巧，才有可能在做父母的头一年不那么辛苦。为了省去很多不必要的麻烦，父母们需要在一开始就做到以下几点，特别是对于晚上的睡眠，尤其重要。

◇找到适合你和宝宝的睡眠方式

宝宝白天的睡眠相对来说不会让家人太头疼，除非你遇到了总是爱哭闹的孩子；但是到了晚上，成年人需要好好睡一觉的时候，问题就显得格外突出。身心俱疲的父母还要用十二分的耐心照顾宝宝，而坚持了一天的宝宝，很有可能在傍晚彻底崩溃，想想晚上哄睡的场面，真是各种无奈。

其实，白天的育儿方式，对宝宝的影响会一直持续到夜里。头3个月的宝宝，如果没有特别的需要，会用很多的时间来睡觉，父母要做的就是给宝宝养成良好的习惯，发现宝宝的规律，在宝宝需要的时候及时提供帮助。只要宝宝的各种需要得到了满足，并且没有任何不舒服，他们一般都会睡得比较安稳；但是因为宝宝特定的饮食习惯，妈妈们不得不在晚上醒来1～2次给宝宝喂奶，这是不可避免的。

另外，为了让宝宝知道什么时候需要睡觉，你需要有一个固定的仪式，也就是人们常说的“睡前仪式”。比如，有一位爸爸每天睡前都会给宝宝洗脚，哪怕当天已经洗过澡了也不例外。这样，过不了多久，聪明的小家伙就会把洗脚和睡觉联系到一起，他从内心上就比较容易接受你接下来的各种安排。

◇创造让宝宝乖乖入睡的条件

宝宝慢慢长大，白天醒着的时间越来越长，活动也越来越丰富，睡眠也会渐渐有了自己的规律。那么，在每天相对固定的时间，宝宝就会有意识地要睡觉，父母要做的，就是意识到宝宝要睡觉的时候到来了，试着让自己和宝宝安静下来，拉上一半的窗帘，一起躺下或者抱着宝宝坐下来，吃点奶，哼一首舒缓的小曲子，这样，一般宝宝都会慢慢闭上眼睛。

如果每天睡觉的时间到了，宝宝不是那么累或者宝宝就是喜欢用哭闹的方式告诉你他困了，而且他不愿意乖乖地和你躺床上或者躺在你的怀里，你可以试试让他趴在你的肩膀，在卧室里轻轻地来回走动，像散步一样，慢慢地，缓缓地，很多宝贝就会觉得非常舒服惬意。当你觉得宝贝已经完完全全把自己交付给你，小手小脚都无力地自然下垂的时候，你就可以慢慢坐下来，准备把他放到床上了。放宝宝的姿势也非常重要，有很多宝宝一放就会醒，可以试试先放宝宝的屁股，再放头，让宝宝的身体一点点离开你温暖的怀抱，而不是让他突然从你柔软的身体到冰冷的床上。

如果以上方法都不奏效，仔细想想宝宝是不是还有什么需要没有满足，如果实在想不起来，那就告诉你非常好用的一招。如果是母乳妈妈，可以用你的杀手锏——奶睡，一般宝宝都无法抗拒；但是如果要奶睡，最好是晚上睡前一次，不要每一次都奶睡，因为这样妈妈会非常辛苦。如果是人工喂养的宝宝，爸爸们可就派上大用场了，抱着宝宝，走两步，缓慢地弯曲膝盖一次（有点像深蹲），然后正常走两步，再缓慢弯曲膝盖一次，这种有节奏的身体落差，会让宝宝很快进入睡眠。

◇减少宝宝夜醒的因素

除了吃奶，父母要尽可能地排除导致宝宝夜醒的很多因素。比如房间的温度、湿度；是否已经排过大便，换上了干净的尿布；在睡觉的时候是否有陌生的很大的响声等等，这些都会导致宝宝突然醒来。而醒来的时候是否立刻得到了父母的关照，将直接决定宝宝会不会完全清醒。所以，父母最好在宝宝睡觉之前，做完全套的检查。一旦宝宝醒了，要立刻给予安抚，趁宝宝彻底清醒之前再次将其哄睡。如果非常不幸，宝宝已经完全清醒了，父母首先要做的就是排除宝宝身体不舒服或者尿湿了、肚子饿了之类的夜醒因素，然后进入新一轮的哄睡。

Tips

掌握让宝贝睡眠舒适安稳的技巧——

◎找到适合你和宝宝的睡眠方式；

◎创造让宝宝乖乖入睡的条件；

◎减少宝宝夜醒的因素。

父母是宝宝的健康顾问

果果生病了，果果妈妈不能去工作，也睡不好觉，每隔一个小时给果果量一次体温，拿着医生给开的退烧药犹豫到底要不要给这么小的孩子吃，脑子里一直盘旋着各种问题：

医生三言两语就把我打发了，明明我家宝宝病的那么严重！

我到底是过度医疗还是治疗不及时？

这种药到底能不能吃？那种药是不是效果更好？那种药是不是副作用更小？

小张、小王、小李家的偏方要不要试试？

孩子那么难受，为什么其他人看起来都漠不关心的样子？

每一位养育过孩子的父母都会有这样的经历，1岁之前的孩子一旦生病，家里所有人的生活都有可能被完全打乱，特别是父母不亚于面临一场人生的重大选择，甚至会引来相互的抱怨和无休止的争吵。可是，孩子生病了，父母到底为什么焦虑呢？你满脑子想的都是我的宝贝那么难受，都是我不好，没有照顾好他，让他遭受那么多痛苦，如果可以，宁可生病的是我。

◇孩子生病不等于父母不称职

很多时候，我们焦虑的原因并不是孩子生病了这件事情本身，而是作为宝宝的主要照料者，总是把孩子生病等同于我不是一个称职的爸爸或妈妈。或许道理我们都懂，人不是天生为某种环境而生的，每个人总是带着各种不足来到这个世界上，生病，就是可能会发生的众多事情中的一种。但是，面对弱小、稚嫩并且完全不能用语言表达自己的小婴儿，那种无知的恐惧和自责，会随时随地让父母不堪重负。作为父母，我们必须明白，你的焦虑、自责每一位父母都会有，但是除了让自己更慌乱之外，焦虑和自责丝毫无法减轻宝贝的痛苦；或许，宝贝也没有我们想象的那么痛苦，他只是需要好好地休息而已。而你，只要做好自己能做的，就够了。

◇孩子并不需要比你多穿太多的衣服来保暖

孩子的冷暖觉，在出生不久后就很敏感了，他们并不是那么怕冷，而且他们任何自觉或者不自觉的活动，都会消耗很大，从而让自己觉得很热，还很容易出汗。所以，小宝宝不需要穿得比成年人多很多，穿多了反而会让他们觉得湿乎乎的，更加容易生病。一般小婴儿穿衣服比妈妈多一件就可以了，比如妈妈在家穿薄睡衣，那么宝宝只需要在薄睡衣外面加一层。如果宝宝的手脚摸起来有些凉，但他并没有哭闹而且脸色红润，后颈部摸起来温度刚刚好，可能宝宝并不会觉得冷，只是他的血液循环比较慢而已——宝宝真正觉得冷，嘴唇周围会发青，会哭闹不止。

总是有人把小宝宝的手和脚裹得严严实实的，理由各种各样：怕宝宝抓到自己，怕宝宝脚心着凉拉肚子，怕宝宝冷等等。其实，手和脚是宝宝生命初期除了嘴巴之外最重要的探测器，总是被裹起来非但不能避免各种健康问题，还会影响宝宝触觉的发展。只要不是寒冷潮湿又没有暖气的冬天，宝宝大可不必时时刻刻都被严密包裹起来。

◇养成良好的卫生习惯，防患于未然

刚出生的宝宝，对各种粉尘、病菌的抵抗力都很弱。一般来说，宝宝出生后带有母亲体内的抗体，在6个月之内只要注意房间卫生和及时通风，避免接触病人，一般不会生病。6个月之后，因为体内抗体减

少、断奶、添加辅食、外出增加等原因，宝宝生病的可能性就会比较大。所以，有小宝贝的家中尽量要干净，每天需进行打扫，保持合适的温度和湿度，这对父母来说不是一项轻松的任务。有条件的话，可以为宝宝配备空气净化器，这会避免宝宝接触很多过敏源和污染物；宝宝的奶瓶、餐具都需要格外仔细地清洗和消毒；宝宝的辅食要彻底地煮熟，并且存贮的时间不能过长；为宝宝准备食物的人要勤洗手，注意个人卫生；宝宝外出尽量不要选择人多空气不流通的地方；并且，如果有亲戚朋友来看望宝宝，不要觉得难为情，一定要提醒他们进门后先脱掉外套、洗完手才可以和宝宝接触。最后，宝宝的个人卫生是最最重要的，至于多久洗一次澡，可根据宝宝自己的情况而定，但洗脸洗手以及大小便之后的清理工作，可一定不能偷懒。

◇保持对宝宝身体状况的敏感

小宝宝不会用语言告诉你他不舒服，但是只要你对宝宝足够了解和关注，还是很容易发现他生病的迹象——比如发烧、精神萎靡不振、嗜睡、暴躁不安、爱哭闹、胃口不好、出现皮疹、呕吐、腹泻，等等。每个宝宝都会用他自己的方式告诉你，他不舒服，他需要额外的关注。那么，接收到宝宝传递给你的信息后，除非是特别紧急的情况不得不立刻带他去看医生外，建议父母继续观察一两天，并且调整宝宝的饮食，让他得到充分的休息。当然，如果情况并未好转，甚至有所加重，那么就需要你带宝宝立刻去咨询医生吧。

好奇国王成长记：关键期的关键帮助

目之所及就是世界——利用视、听觉满足好奇心

我用嘹亮的哭声告诉酣睡的大家伙“我拉臭臭了”。睡眼惺忪的家伙顶着乱蓬蓬的头发冲我乐，假装嫌弃地捏住鼻子，眉眼中掩饰不住的喜悦都被我看得一清二楚。黏糊糊的屁屁洗干净后舒服多了，肚子开始咕噜咕噜叫，香甜的乳汁在口中慢慢充盈，人生最美妙的时刻莫过于此，等我吃饱喝足睡个回笼觉，再来认真研究一下我的王国。

在每个生命之初，看到什么、听到什么，世界就是什么，而父母，就是为宝宝创造世界的魔法师。在宝宝的头3个月，吃饭睡觉占据了他大多数时间，在每天心情不错的时候，他都会好奇地看着朦胧的世界，想知道自己到底在哪里。听到熟悉的声音，小家伙想要努力转头看看，一开始似乎并不是那么成功，但过不了多久，小家伙的头就可以转动自如了。妈妈从左边过来，他能转向妈妈过来的方向，妈妈用温暖的手指轻轻地戳一下他的小脸蛋，他张着嘴巴扭过头来，以为有好吃的送上门来。让宝宝最愉悦的，大概没有比躺在妈妈的臂弯里看着妈妈的微笑更舒服的了。这个时候的宝宝，对什么都感兴趣，但是，他只能

看到运动的东西和黑白对比比较强烈的东西。因此，可以在宝宝床头的正上方挂上可以动的单色的小动物或铃铛之类的，高度最好是30～60厘米，方便宝宝看得清；也可以将家人的照片打印成黑白的，拿给宝宝看，小家伙会非常开心。过不了几天，宝宝对眼前熟悉的东西可能会有些厌倦，这时，你可以拿着图片在平躺着的宝宝眼睛正上方缓慢地左右移动，你就可以看到宝宝的眼睛跟着你的手慢慢转动，这样的头部操是不是很有趣啊。还有，细心的父母会发现一件非常有意思的事情，每次宝宝独自醒来大哭的时候，你赶紧走向他的跟前，他会望着你来的方向，停止哭泣等待一会，如果还是没有人满足他的需求，他会继续大哭。

3个月左右的宝宝学会了翻身，好奇的小国王会主动开拓自己的疆土了。如果你想让他多运动，可以将一些可以发出声音的、颜色亮丽的小玩具放在他侧卧能看到但是伸手够不到的地方，勤劳的小家伙就会咕噜咕噜滚过去了。有些宝宝比较懒，尝试几次够不到就会哭闹起来，父母可以扶着宝宝的头和小屁屁帮助宝宝翻身，或者将玩具放在宝宝指尖能触碰到的地方，这样，小家伙觉得只要稍稍努力一下就能得到自己喜欢的东西了。

6个月左右的宝宝已经可以坐起来了，他的视线范围变得更加广阔，他不必亲自到发出声音的地方视察到底发生了什么，简单的只能发出熟悉声音的东西可能不会再吸引他的注意力，促使他发展更多的技能。父母可以根据宝宝的喜好设计一些能让他试图动起来的活动，比如有趣的绘本、家人的呼唤等，让小家伙跃跃欲试，只要他足够想要，他一定会用力向前探着身子观望，慢慢地，他就能体会到手脚并用探索世界的新途径——没错，就是爬。

皮肤也有记忆——触觉训练

睡醒后我很无聊，有两个肉乎乎的东西总是在我眼前晃来晃去，得想个办法研究一下那是什么？我伸出舌头，歪着嘴巴，用尽全身的力气，表情一定很狰狞，还好最终舔到了，暖暖的。可是，好像哪里不对劲儿，为什么我舔到肉乎乎的东西的时候心里也觉得被什么湿答答的东西舔了一下呢？算啦，我还是找个人来陪我玩吧，“mamamamama……”哇，昨晚那个帮我清理便便的女人又来了，她为什么那么开心，干嘛抱着我乐呢？不过还挺舒服的，我喜欢这个女人！

每个人最初用来探索世界的方式就是用自己的皮肤，这可能也是小婴儿喜欢让熟悉的人抱的原因之一，他们的皮肤也有记忆，喜欢熟悉的温度和熟悉的触感。如果你想与小家伙更加亲密，定期为他们做个“婴儿抚触”是个非常不错的方式，温暖的指尖划过他们娇嫩的皮肤，一定会让小家伙对你印象深刻，当然，抚触的好处不仅仅是增进感情。

越来越多的人意识到抚摸能促进生长激素的分泌，使细胞对生长激素的反应变得活跃，还能促进神经周围的髓磷脂发育，细心的家长一定还记得，髓磷脂会有效地保护神经系统快速准确地做出反应。另外，抚摸还有助于提高宝宝消化系统的健康水平。

小家伙除了喜欢被动地享受来自父母爱意浓浓的抚摸，还对这个世界充满好奇，喜欢用自己的嘴巴、舌头和牙床去亲亲、舔舔、尝尝。这样，他会渐渐知道哪些是自己身体的一部分。所以，为了帮助小家伙更快地认识自己，父母要做的就是帮他清洗干净小手，修剪整齐指甲，然后，就让他尽情地去探索吧。稍大一些的宝宝除了吃手，还会啃啃自己的臭脚丫，等对自己的身体腻了之后，他又会好奇地去尝尝身体周围的小东西——玩具、被子、别人的小手和小脚等等，这样的习惯可能会持续到1岁以后。阻止小家伙的探索行为并不是明智的，父母该做的，是给他们一个干净、无害的环境，将可能伤害到他们的小物件都收拾干净，然后，就放任宝宝去探索吧。

安全的探索

咦，这是什么？放嘴巴里尝一尝！啊，我发现了一个秘密通道，可是只能小指头进去，哎呀，疼！

我想爬到那边去看看，嗯？妈妈呢？刚才还在这里的！哦，和那个漂亮阿姨在说我的趣事，可是，怎么不看我呀，我有些害怕，哇……

天生的好奇心促使小婴儿总是去探索不该探索的领域，小婴儿不同于成人的视觉注意又会使得他们关注一些父母平时不太会关注到的小细节，这种好奇和观察，不应该被呵斥，明智的做法是为他们营造一种安全的探索环境，任他们去观察、探索，这不仅会帮助宝宝对世界充满好奇心，也让宝宝对自己充满自信。

为了营造安全的居住环境，父母需要在宝宝探索之前做一次彻底的安全大检查。不是站在房间中央环顾四周去想哪些地方可能存在安全隐患，而是趴下、躺下，用宝宝的视角去观察，将宝宝视线范围内可能伤害他们的东西进行处理。比如：

检查婴儿床，栏杆的缝隙不应该过大，表面不能有木刺；

将有锋利边缘、绳子以及可拆卸小零件的玩具远离婴儿床；

堵上电源插孔；

清理碎小的物品；

给尖尖的拐角安上防撞条；

小件家具应该固定在地上或者墙面上；

靠近地面的抽屉也应该锁上……

除了物理环境，心理上安全的环境也是极其重要的。为了让宝宝有信心去大胆地探索，父母不仅要时刻陪伴在小宝宝身边，并且要给予足够的关注，在他需要的时候对他进行鼓励，在危险来临前及时转移宝宝的注意力。当然，每个宝宝都有试错的机会，但对于这个年龄阶段的孩子来说，等他撞上南墙再回头，可能是一件代价相当大的事情。另外，小家伙刚刚来到这个陌生的世界，他与世界的联结都是通过最信赖的人产生的，父母要给宝宝足够的勇气，让他相信并且体验这个世界的友好。

你是我世界的源泉：安全感

只求安稳的小家伙

我的出生仿佛是一件轰动的事情，周围人来人往，总是有陌生人和一些似曾相识的人来照顾我。后来我才知道，那些我从来没见过的人是爸爸妈妈的亲戚朋友，那些似曾相识的人是我的爷爷、奶奶、姥姥、姥爷，妈妈说我的出现让无所事事的四个老人有了生活的动力。只是，我总是被他们挪来挪去，不知道哪一天，睁眼就是一个陌生的屋子和陌生的味道，这让我忍不住要哇哇大哭。

前面我们讨论过，新手妈妈的首要任务就是选好育儿团队，这个团队的人员应该是相对比较稳定的，而不是为了填补成年人的空虚或者为了成年人的便利而常常变动。在面对新环境和陌生人的时候，婴儿像成年人一样会产生紧张焦虑的情绪，父母可能觉得见过几次的人宝宝会记得，但这对宝宝来说可不一定。受大脑发育程度的影响，婴儿对妈妈以外的人的熟悉需要一个比较漫长的过程，当他几天见不到某个曾经的熟人时，那个熟人就会从他认识的人的清单上消失。那么，每一次毫无征兆地更换照料者或者变换环境，都会让小家伙无比焦虑，他需要找到熟悉的气味、声音和面孔，用以确认他并没有被熟悉的世界抛弃，不然，他总是会以哭闹的方式告诉大家，"我想回到让我觉得熟悉的地方，那样我才觉得安全"。有时候，缺乏安全感的宝宝还会表现出一系列的生埋反应，如吃奶量减少、拉肚子、发烧、出现感冒症状等。

当然，我们的生活不会总是按照期望进行，当遇到不得不临时更换照料者的情况时，为了尽可能地减少宝宝对环境的不适感，可以提前和宝宝沟通，哪怕只是提前一天或者一个小时，总比不沟通要强很多，至少这会让宝宝有个心理准备。下面就是一个非常好的提前沟通的案例，这种方式有效地缓解了宝宝面对陌生环境和不那么熟悉的照料者时的焦虑情绪。

7个月的西西要和妈妈分开半个月，妈妈被单位临时派往外地出差，留给西西和妈妈告别的时间只有两天，西西妈妈有些焦虑，但她还是很快控制好自己的情绪，并且请父母过来帮忙。当天晚上哄西西睡觉的时候，妈妈搂着西西，将睡前故事换成了沟通。妈妈告诉西西自己两天之后要离开西西几天，去哪个市出差，可能会见一些人谈一些事情，妈妈不在的时候，姥姥和姥爷会来照顾西西，妈妈办完事情，很快就会回来看西西，妈妈出差的时候，会很想念西西的。西西好奇地看着妈妈，还没有意识到妈妈的话意味着什么。妈妈接着说，姥姥、姥爷是妈妈的妈妈和爸爸，之前来看过西西。姥姥和妈妈长得很像，只是脸上多了些皱纹，给西西做过好吃的米糊；姥爷瘦瘦的，带西西玩过小木马。西西听到小木马，乐了一下，妈妈又讲了一个故事，西西睡着了。早晨醒来，妈妈在与西西进行晨间对话时又重复了一次昨晚的事情，之后，妈妈也找机会重复了几次。虽然西西对妈妈说的话似懂非懂，但每次都像听故事一样听妈妈的解释，之后妈妈出差西西表现得很好，很快适应了姥姥、姥爷的照顾，作息、情绪和身体状况都没有很大的变化。

父母当然是告知宝宝接下来可能发生什么样的变化的最佳人选。用舒服的姿势抱着你的宝贝，看着他的眼睛，就像和老朋友聊天一样，缓缓地告诉他接下来可能要换个环境、换个人来照顾他，尽量用积极的客观的理由来解释不得不这样做的原因，并且介绍一下接下来宝宝将要处在什么样的环境、与谁在一起、这个人与他有什么样的关系、之前什么时候见过这个人、有过什么样的美好回忆，等等。尽量用简洁的语言说清楚将要发生的事情即可，不用担心宝宝是否听得懂，他可能不理解你的语言，但他一定会懂得你的情绪。这样的沟通在离开的瞬间可能还是会引起一些情绪反应，如宝宝会哭闹着不让妈妈离开，但妈妈们不能因为害怕面对这样的离别就偷偷走掉，因为这反而会让宝宝更加不知所措。不得不离开的妈妈也不用太过于内疚和自责，只要你提前安排好了接替者，宝宝会很快适应眼前的生活，你只需在再次见面的时候，给宝宝一个深情的拥抱，让他知道你很想念他，而他一定也会用自己的方式告诉你他也很想念你，就像前面提到的西西。

当西西再次见到妈妈的时候，他愣了一下，然后委屈地趴在姥姥肩上放声大哭，那个场面，就像一个成年人见到了以为再也见不到的深爱着的那个人一样，所有的委屈和担心都变成了泪水。西西哭了一会儿，伸手要妈妈抱，把头埋在妈妈肩膀上轻轻地抽泣，妈妈轻轻地对西西说：“妈妈回来了，妈妈回来了，妈妈很想念西西。”

有了这样的经历，西西和妈妈的第二次分离变得顺利了很多，分离后的见面也愉快了很多。因为西西知道，妈妈爱他，而且西西坚信妈妈一定会在约好的时间回到自己的身边。

按需回应不会宠坏小宝贝

家里的温度很舒适，亮亮睡醒了，妈妈给他换上干净的尿布，喂了香甜的母乳，等亮亮打出奶嗝，就把他放在床上，温暖的阳光透过窗户，一切都是那么美好。突然，亮亮哇哇的哭声打破了午后的宁静，爸爸制止了要去抱亮亮的妈妈，任他哭了一会儿，妈妈有些着急，但却没有理由反驳爸爸认为一哭就抱会宠坏孩子的理论。

每个人对需求的不同理解会影响他们选择回应的方式，新生儿的需要多种多样，如果父母仅仅将宝宝的需求理解为吃喝拉撒睡，那么亮亮爸爸的理论似乎说得通，妈妈已经满足了亮亮的所有需求，而此时此刻亮亮的哭声就是无理取闹的表现。只是，亮亮作为一个小婴儿，有着每个人该有的喜怒哀乐，他的哭声就是他的语言，他需要一些回应而不是自说自话。就像我们扔一颗石头到湖水中央期待看到一圈一圈美丽的波纹一样，小宝宝还没有学会用语言沟通，他的哭泣一定是有原因的。如果只是害怕宠坏孩子而不去关照他，小家伙一定以为自己是不值得被爱的，久而久之，脾气暴躁的小孩子会变本加厉地哭闹直到需求得到满足，而本身较为温和的孩子便会关闭自己向外探索的心，安安静静不吵不闹，因为经验告诉他这个世界没有人在乎他。

那么一个小小的生命，历尽千辛万苦来到你的身边，他有那么强烈地想要与你亲近的需要，他的每一次呼唤，都是一种信号，告诉你他作为一个小人儿的不同需求，细心的父母一定会从哭泣的节奏、音高等细节发现婴儿所要表达的意义。明智的做法就是满足他吧，他在用他的语言诉说着对你的依赖和爱，他在用他的方式表达着对你的信任，而这样纯粹与直接的爱与信任是需要支持和及时回应的，就像一段“对歌”，你们在互动的过程中传递重要的信号，一起分享情感，为培养信任感奠定基础。至于次次都满足会宠坏你的宝贝的想法，根本就是多余的，那样简单与纯粹的孩子沉浸在爱的海洋中时，如何会变成不可理喻的小恶魔呢？况且，小宝宝的思维还没有发展到能理解你所担心的那种复杂因果联系的阶段。用你百分百的爱去“宠坏”你的宝贝吧，在将来的某一天，你一定会怀念那个无休止“索取”爱的小家伙，你也一定会感激愿意付出全部爱与耐心的自己。

因为你快乐，所以我快乐

叮当妈最近情绪不佳，晚上一心想着让叮当快点睡着就可以发发呆，可是，哄了好久叮当还不睡，叮当妈内心莫名地烦躁，睡不着的叮当仿佛也烦躁起来，放声大哭，叮当妈不得不抱着叮当哄睡。

每个人肯定都有过这样的体验，当你想赶紧完成一件事情而一点也不享受这个过程时，那件想要完成的事情似乎变得无比复杂和耗费精力。做父母也是如此，当你对父母这个角色感到厌倦或者烦躁的时候，你的孩子似乎也变得非常不可理喻，特别是对于1岁以内的小婴儿，看似懵懂的他们其实对父母的情绪很敏感。最终，你不得不花费更多的精力去安抚宝贝的情绪，遇到这种情况时，我们不如在见到宝贝前先处理好自己的情绪，或者和宝贝好好地聊一聊。

当父母处在情绪的低谷，本身就是很艰难的时刻，有可能的话，你可以请人替自己照顾一下宝宝，留一点时间与自己的情绪相处。如果不得不在情绪不佳的时候还要担负照顾宝贝的责任，那情况会显得有些失控，还分不清你我的小家伙，很容易受到周围环境的影响，特别是自己信任的人的影响。你希望宝宝能安静一些，但他们根本不明白安静为何物，他对你不能像平常一样关注他非常有意见，总是想方设法吸引你的注意力，而你的关注点总在自己的坏情绪上，得不到关注的小家伙便开始用哭闹抗议，这又使你的情绪更加糟糕。这样的恶性循环让你觉得与宝宝的相处简直是噩梦，而宝宝又何尝不是惊恐万分——那个爱笑爱逗我的大人去哪儿了？这个人虽然看着很熟悉可怎么感觉好陌生？当然，也不是说父母在孩子面前就没有悲伤或者情绪低落的权利，要求父母不表露出自己的负面情绪也是很残忍的一件事，那么这种时候，不如和宝宝聊聊，有时候，你的宝宝也是个不错的听众呢，虽然他还做不到善解人意，但当他知道你的不在状态并不是不爱他的表现，他会更加安心一些。

特殊儿童的早期发现

丁丁妈妈怀孕后身体很不舒服，去医院检查唐筛高风险，医生建议做羊水穿刺，丁丁妈妈因为害怕羊水穿刺的风险而放弃了医生的建议，决定听天由命，好在丁丁是个活泼、可爱、健康的男孩子。

随着医疗技术的发展，定期的产检和健康的作息会避免很多新生儿肢体残疾和遗传性疾病的产生，即使已经发现了特殊情况，如唇腭裂、先天性心脏病、盲、聋等，也能在孕期或者宝宝出生后通过合适的医疗手段使宝宝恢复健康或发展补偿功能。然而，由于生活压力、恶劣的环境、不健康的习惯、不科学的养育方式造成的先天或者后天的发展性障碍患者越来越多，专业知识的缺乏让很多婴幼儿错过了最佳的康复期，或者让父母和孩子的相处备受挫折，过度关注又让很多父母产生难以排解的担心和焦虑。接下来，让我们一起来看看出现率较高的一些婴幼儿残疾类型以及相关的应对措施。

智力障碍的早期发现

智力障碍是一种以智力功能和适应性行为有显著缺陷为特征的障碍，适应性行为缺陷表现在概念性、社会性，以及实践性和适应性技能上，通常发生在18岁以前。

对于0～1岁的婴儿来说，由于染色体异常、先天性新陈代谢异常导致遗传性疾病是出生后就能确诊的，需要父母积极地配合治疗并且做好长期应对现实的准备。生产过程中的意外、低出生体重、受到严重的脑外伤等都有可能造成婴儿的智力发育迟缓，但很难在小婴儿身上得到确认。故父母需要在孩子出生的时候，以及出生的头一年对孩子进行格外的照顾，如果发现孩子在感知觉和动作的发展上明显落后于同龄人，就需要及时寻求正规医院的帮助。

自闭症候群的早期发现

自闭症候群是一种广泛性的发展障碍，在沟通能力、社会互动和重复刻板的行为模式三个方面均表现出不同程度的缺陷。主要表现有对他人的行为没有正常的回应；在社会情景中没有微笑却有着与众不同的笑点；避免与别人进行目光接触；兴趣范围比较狭窄；对人几乎没有兴趣；很难与父母形成正常的依恋关系，但对物体有浓厚的兴趣。

自闭症的成因，有生物和遗传方面的原因，也有环境的因素，具体的诱因也是目前医学、心理学和教育学等各学科比较容易引发争议的话题。一般而言，自闭症在儿童成长到 2～3 岁才表现出典型的行为特征及其他症状，医生很难诊断出 1 岁以下的儿童是否患有自闭症。不久前引起人们关注的人工智能据说可以在婴儿 12 个月大时，基于对婴儿大脑的 MRI 扫描预测他会不会在 2 岁时被诊断为自闭症。不管这项技术是否能够科学有效地工作，但随着科技的进步，人们对自闭症的了解一定会越发深入而全面。

家有疑似特殊儿童怎么办

小家伙的出生，一般总是会给家庭带来喜悦和幸福；但是，也有一些孩子，出生之后就被疾病折磨，初为父母的喜悦全都化作内疚、自责和焦虑。对于父母来说，遇到一个不一样的天使，有各种情绪反应都是很正常的。每个人都需要一段时间学会面对现实，自责、怀疑之后，父母最终需要积极地去帮助那个弱小的孩子，让他尽可能地得到合理的医疗支持以及家人的接纳与爱护，既然他已经来了，他一定会有属于自己的人生轨迹。

对于夫妻来说，相互的体谅和寻求专业的心理支持，会让各自的内疚和自责得到释放，渐渐地你们会明白，孩子的缺陷可能不是你们的错，就算这的确是你们的失误，你们也不能将精力过多地放在不可逆转的过去上。这个弱小的生命需要你们用爱去呵护，他可能不是通常意义上带给你阳光的孩子，但他一定会带给你温暖，也更能让你明白生命的价值，而能给予他爱的人一定是一个内心充满爱与希望的人。

父母随笔

第4章 做创造美好的人

——高质量的父母

在做父母的路上，我们和小婴儿一样，不仅在创造属于自己的独一无二的美好，更是因为有了一个小生命，而让自己变得更好。

绘制宝宝独特的成长曲线

前面我们讨论过，每个宝宝都是独一无二的个体，如果你想知道自己的宝宝是否发育正常，除了每次检查身体的时候听从医生的建议、核对标准的身高体重统计表之外，最重要的是，绘制属于你的宝宝的独特的成长曲线，定期记录宝宝的身高、体重、技能的变化。你可以参考下图，设计带有你自己风格的图标，横轴是宝宝的月龄，示例在宝宝出生后的前6个月采用了以周为单位的记录方式。因为在这半年当中，宝宝的身高和体重变化相对较快，而在6个月之后，变化会相对缓慢一些，你可以设置自己认为合理的时间间隔。同时，如果想要与标准数据做对比，可以在图中事先标记出每个时间点的平均数据。对了，月龄下方留出一些空白是比较明智的做法，空白处可以记录宝宝相关能力的发展，如语言方面的能力发展，当然你也可以记录下宝宝的动作方面、生活习惯、成长过程中的小故事等。想想你的宝贝在以后有这样一本沉甸甸的以自己为主角的书，会是多么地感动与自豪。

Tips

记录宝贝的成长固然重要，但记录的作用在于你知道他在成长而并非评价你的宝贝是否达到了某个标准。宝贝成长的速度可能并不均衡，在有些方面会超前，有些方面会落后，只要你的宝贝比上个月进步了，就已经足够。

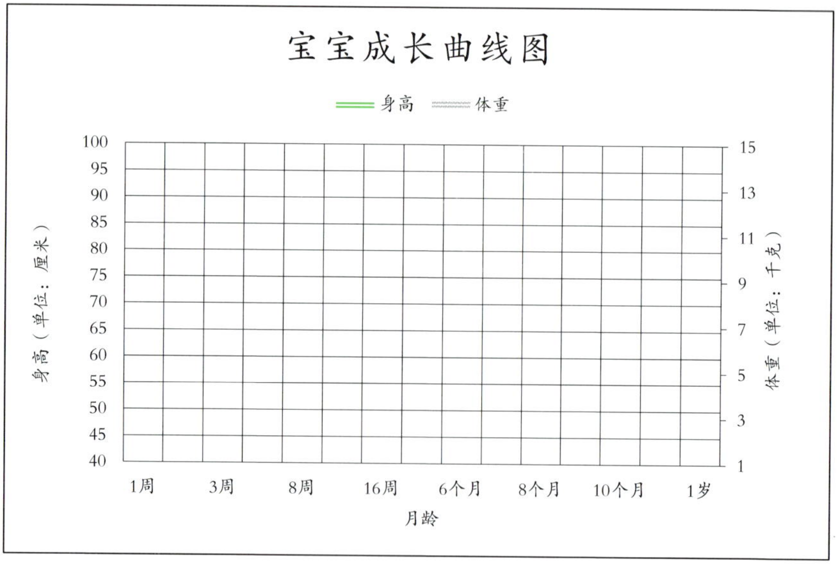

0～1岁孩子成长曲线记录图

给宝宝无条件的爱

地铁上，一个小家伙在哇哇大哭，一开始，妈妈还能耐心地安慰，只是，小家伙并不买账，哭得越来越大声，引来周围一片侧目，甚至还有一些人指指点点，妈妈觉得颜面无存，开始呵斥宝宝：“不许哭，再哭就不要你了！哭什么哭。”

在前面的文字中我们或多或少都有提到，每一个孩子都值得尊重和被爱，而在此另辟一节想谈谈无条件的爱，是因为在我们长期以来的文化和习惯中，都存在着“养儿防老”这样一种观念，自从宝宝出生，父母对他便寄予厚望，希望他成为人中龙凤，为自己的晚年增加安稳的保险。因此，宝宝需要顾及父母的感受、听从父母指令的教育理念或多或少存在于每个家长的内心之中，一旦宝宝的行为不符合父母的习惯、理念或者有损于父母的颜面，父母就会忘记自己的初心，走向爱的极端。

比如前面案例中的妈妈，在宝宝的哭闹引起周围陌生人的不满后，她也加入了指责的行列，对宝宝的哭闹行为进行呵斥。很多时候，我们对宝宝的行为感到恼火，可能引起你反感的并不是那种行为本身，而是那样的行为对你个人的价值观形成了一种挑战。其实，妈妈很明白，宝宝哭闹是有原因的，只是她忍受不了别人因为宝宝哭闹而对她作为合格母亲的怀疑和别人对她们的区别对待，她很想向众人证明她是一个合格的母亲，甚至是个优秀的母亲，但她选择呵斥宝宝的方式实在是不够明智。初为父母，你仅仅是宝宝的父亲和母亲，你只需学会让你的宝宝满意即可，即使场面很难堪，你也需要站在宝宝的身边，教会他如何去面对人生中的尴尬，而不是推开他，让他觉得世界无法容纳他的不好，而只喜欢那个听话乖巧的自己。

有条件的爱，可能发生在任何地方，包括没有旁人在场的独处时光，就算父母全神贯注地关注宝宝的需求，每一个人所受的教育和经历都会不自觉地影响其作为父亲或者母亲与宝贝的相处。有条件的爱常用“如果你……我就……”的借口，甚至是更加冠冕堂皇的语言，但都能套用这样的格式，它让父母坚信是宝宝的某种行为决定了他受到相应的某种待遇。但其实，对宝宝行为的评价取决于父母的价值观，就像不同的父母对宝宝相同的行为有着不同的解读一样，这里面既有家庭习惯、家庭文化的影响，也有每个人独特的价值观的影响。换个角度，以1岁以前的宝宝的发展来看，他的很多行为仅仅受到自己生理需求的影响，并没有掺杂任何价值观的成分，那么父母对宝宝的行为进行价值的判断，甚至做出各种积极或者消极的解读，这对宝宝来说是很不公平的。

总而言之，对合格父母的标准可能有各种不同的观点；但是，对于 1 岁之前的宝宝来说，合格的父母就是能时刻保持对他需求的觉察，同时对自己关于宝宝特定行为的态度进行内省的父母。你爱你的宝宝，是因为他是你的宝宝，而不是他满足了你对一个完美小小孩的期待。

有尊重也有规矩

小婴儿自从出生起，就是一个独立的个体，有自己独特的生活规律和生长规律，他每天的生活，看似都是吃喝拉撒睡等无关紧要的事情，但就在这样普普通通的事情中，他不断成长为一个被家庭、被社会所接纳的人。大多数父母对于随遇而安的生活都很向往，遵从内心的生活，每一个人都很乐意去过，只是能做到遵从内心生活的人，都是有能力掌握自己命运的人。对于刚出生的小婴儿，我们要像尊重一个成年人一样尊重他的生活规律、生长规律和喜好；同时，作为父母，我们有责任为他创造适宜的环境以形成良好的习惯。

宝宝的一日生活看似琐碎，但是对好奇的他来说，每一分每一秒都是全新的体验，充满智慧的父母，一定有办法让简单的生活过得意义非凡。比如，养成良好的作息习惯和卫生习惯，是每个人生命之初的必修课，小婴儿并不能明白规律的作息和良好的卫生习惯对他有哪些好处；但是，有规律的睡眠和饮食，会让他的身心感到愉悦，身体得以发展，他一定能从中获得秩序感和健康。又如，根据宝宝的发展状况，为宝宝设计有针对性的游戏，并且陪伴宝宝一起游戏，会让他的感知觉得到锻炼，让他从中获得对自身的认知和自信心，等等。这样的例子不胜枚举，相关的书籍也数不胜数，只要你是有耐心的父母，一定会找到属于自己家庭、适合自己宝宝的成长规律。

第 5 章

关于育儿的是是非非

——交锋问题

面对冲突时的感受就像被针扎一样，我们的自然反应就是逃离，回到让自己舒服的位置。但是，当我们的逃离有了无法割舍的牵挂，就要学会适应这种感受，学会与自己的情绪相处，学着创设新的舒适区。

问题一：公共场合哺乳

在婴儿出生的第一年，吃是头等大事，只是，又想外出又想吃得好，对于很多妈妈和宝宝来说不是一件容易的事情。前两年的北京地铁哺乳照事件闹得沸沸扬扬，引得各界人士争执不下，有权威报纸曾经刊登一则评论，总结不同的观点：批评者认为，女性乳房是性器官，在地铁等公共场所裸露性器官，就是不文明的表现，哪怕是为了哺乳婴儿，也要注意行为举止；支持者则试图论证女性乳房是婴儿的“粮仓”，不是性器官，再加上缺乏母婴哺乳室，这也是迫不得已的行为。概括而言有三种观点：有些批评者认为年轻妈妈给孩子喂奶，要考虑到社会观感；中立者肯定哺乳是女性美、母性美的最好体现，但他们强调社会并非想象中的那么美好，他们认为选择隐秘的地方哺乳，是年轻妈妈对自己的一种保护；支持者则一致认为公开哺乳是母亲的个人选择，别人无权干涉，而且母乳喂养最重要的原则之一就是按需喂养，婴儿想吃奶，不会考虑时间和场合，第一时间保证宝宝吃上母乳，是每一位哺乳妈妈的权利。地铁哺乳照事件之后，多地出现了公共场合哺乳的“快闪活动”，呼吁社会重视婴幼儿享受公共资源的权利，督促社会为母乳喂养提供更多的支持和便利，最直接的方式就是在公共场所建立哺乳室。

不管怎么说，公开哺乳并不是一件违法的事情，但在大多数人眼中，这件事不可接受仅仅是出于一种对身体暴露的不适感，这种不适感也出现在很多妈妈心中，使得她们羞于在公共场合哺乳。生完孩子的妈妈们要恢复正常的活动，到底如何在公共场合将母乳进行到底呢？放弃母乳并不是一个好主意，这会使宝宝和妈妈出门变得异常繁琐。虽然提前挤出母乳用奶瓶喂宝宝是一个可以选择的方案，但这样会损失掉母乳的一部分营养，并且让母子双方都无法享受母乳喂养带来的安抚作用；除此之外，不习惯奶瓶的宝宝并不能接受这样的方式，妈妈们还要携带更多的东西；而且妈妈们还会因为哺乳时间的延迟而增加了患乳腺堵塞和乳腺炎的风险。

相比之下，直接母乳喂养显得更简单、更健康、更经济、更环保，也更轻松；其实，只要妈妈们提前做一些准备工作，公共场所的哺乳不是不可能。首先，穿着合适的哺乳装出门是很有必要的，国外流行的背巾也是不错的选择，可以在哺乳时进行遮挡；其次，对宝宝的进食时间要做好计划，对途中或目的地附近相对隐蔽的适合母乳喂养的地方做到心里有数，以便在宝宝需要吃奶前到达隐蔽的地方，但无论如何，公共厕所都不是一个恰当的地方，你不必将它列在备选当中；最后，只要你决定将母乳喂养进行到底，不管在哪里，自信放松地享受哺乳吧，无须解释，这是乳房存在的本质意义，无关道德也无关性。

问题二：纸尿裤 VS. 传统尿布

小宝提前到来了，奶奶听闻儿媳入院的消息赶紧拎起早已准备好的“豪华大礼包”冲向小宝家布置，以迎接小宝的到来。厚厚一叠粉色全棉尿布、装好豆子的小枕头、黄色绸缎小被子，还有两个大脸盆和两副橡皮手套。可是，小宝妈给小宝娇嫩的屁屁裹上了厚厚的纸尿裤，并不愿意用奶奶带来的尿布，大脸盆和橡皮手套自然没有用武之地。

忍气吞声几个月，一次体检的时候小宝的小阴唇有些粘连，回家后奶奶和小宝妈谈心：“小宝妈，你看呀，我们农村没人用你那个纸尿裤，也从来没听过什么粘连，这尿布多好啊……”

奶奶的话还没说完，小宝妈就没好气地回了一句："农村也没人去给小婴儿体检啊，你怎么知道没有？"

大家不欢而散。

宝宝出生的头一年，除了吃和睡，如厕的问题常常成为引起家庭大战的第三大核心问题。随便浏览任何一个育儿网站，关于尿布和纸尿裤的争论从来都是热门话题，坚决拥护尿布的人认为，随时用随时换，太阳底下晒一晒，充满阳光的味道，宝宝用了才舒服；而倾心纸尿裤的人提倡让自己从满天飞的尿布中解放出来，有更多的时间和精力陪伴宝宝。关于纸尿裤和尿布的孰好孰坏，讨论者们各执一词，看问题的角度不同，意见自然不会统一。那我们先来看看纸尿裤和尿布各自的优缺点吧。

表 7： 纸尿裤和传统尿布优缺点对比表

	优点	缺点
传统尿布	○ 安全、无刺激 ○ 及时发现大小便 ○ 可重复使用	○ 需要随时更换 ○ 清洗、消毒工作量大，周期长
纸尿裤	○ 父母方便 ○ 宝宝自由	○ 价格昂贵 ○ 不环保

纸尿裤的出现是为了解决成年人在特殊工作环境中不能如厕的问

题，最重要的考虑就是便捷，以解决成年人的麻烦。纸尿裤一般由表面包覆层、吸收芯层和底布部分组成，表面包覆层一般用透气的无纺布以排出湿气和热气；吸收芯层主要由纯木浆和高级吸水树脂构成层状结构，能够快速吸收尿液、分散尿液；底布隔水材料一般使用PE膜，有时也会使用无纺布，但因成本较高，在国内使用较少。也正是因为这层PE膜，纸尿裤广受诟病，批评者们认为纸尿裤不够透气、容易引起小宝宝红屁股等问题。但是，也不得不承认使用纸尿裤可以让小家伙活动更加自如，不用担心会移位；而且现在纸尿裤上的变色设计，让父母也很容易就能看到是否需要更换；最重要的是，纸尿裤是一次性使用，不用担心繁重的清洗任务，也无须考虑反复使用的消毒问题。但是，因为其一次性使用而导致的价格昂贵、不够环保等问题，也让诸多家庭或忍痛割爱或义正词严地拒绝。另外，面对琳琅满目的品牌，选择适合家庭承受能力和宝宝使用的纸尿裤不是一件简单的事情。

传统尿布一般使用纯棉布或者多层纱布，相比之前的旧床单、旧线衣线裤要干净卫生许多，虽然不能旧物利用，但价格相比纸尿裤还是便宜很多，一般家庭都能承受；其次，一片尿布可以清洗、消毒后反复利用，不会造成额外的生活垃圾，相对也比较环保；最后，也是最有竞争力的一个优点是它的材料比较亲肤。当然，如果没有固定好或者尿湿后没有及时发现，同样会引起宝宝红屁股。

总而言之，到底选用纸尿裤还是尿布，重要的不是用一个产品的优点与另外一个产品的缺点去比较，而是考察哪个产品更符合你的需求：你要的是便捷，那毋庸置疑要选择纸尿裤；你要的是绝对的亲肤，那就选择传统尿布为好。

问题三：早教不等于早教机构

很多人说，不要让孩子输在起跑线上，也有人说，父母才是孩子的起跑线，我很认同后者的说法。与其相信各种早教机构对于婴儿各种能力的培养，不如相信自己才是宝宝成长最为重要的资源。

早期教育，简称早教，对每一个人都是非常重要的，我们需要一些教育学、心理学、医学的理论帮助小宝宝发展能力、发掘潜能。目前在一、二线城市，各种早教机构用诱人的噱头让焦虑的父母生怕自己的宝贝输在起跑线上，加上受中国传统观念影响父母愿意为孩子倾其所有以求得自己老年安稳的心态，于是，昂贵的费用不再是问题，不便外出也不再是阻碍，忙碌的父母在工作之余还要带着小家伙四处奔波。可是，父母们要知道，你们才是宝宝最优秀的早教老师，而非早教机构。早教的确非常重要，但是，只有你才最了解你的宝宝，进入早教机构，不可避免地就会让宝宝进入一个固定评价模式和培养模式，达到标准即为优秀，每个宝宝只是在用自己最珍贵的经历证明早教机构的标准是否适合自己，这无关宝宝的发展，更别说在突如其来的陌生人面前宝宝所承受的心理压力会有多大了。与其花费昂贵的金钱和大量的时间，不如拿出一些精力来耐心地陪伴宝宝，多和宝宝聊天、帮宝宝做抚触、设计一些符合自己宝宝的小游戏，要知道，成为自己宝宝的早教专家，你也很在行。

Tips

父母需要重视早期教育，但并不需要迷信早教机构。早期教育，就和免费的空气、阳光和水一样，只要你有对宝贝的爱，你的宝贝就能拥有。

与为了早教而焦虑的父母相反，在一些相对落后的地方，父母对小婴儿的早期教育不够重视，“养3岁之前的孩子就像养小动物一样”的观念在很多人心中根深蒂固，甚至在一些受过教育的人群中也是如此。只要照顾好孩子的吃喝拉撒就好，不必关心他的感知觉以及情绪的发展，这样的情况使得很多宝宝没有受到充分的早期教育，各项能力均落后于平均水平，结果认知水平的发展受到严重影响。

问题四：天使OR魔鬼，只在一念之间

8个月的布布最近总是闹脾气，睡眠、吃饭、排便都变得不规律，而且总要黏着妈妈不肯撒手，半夜哭醒就不肯入睡，一定要父母抱起

来走来走去才肯安静，这让布布爸妈苦恼不已，争执不断。妈妈认为这是小婴儿正常的情绪阶段，对布布的耐心依旧，但内心的无名火总是发给爸爸；被埋怨的爸爸实在觉得自己很委屈，于是将一切怨气都转移到布布身上，认为她是在无理取闹，不值得同情。

一个人的气质类型一旦形成就会比较稳定，6个月的小婴儿就能表现出相对稳定的气质特点。然而，因为身体、环境等因素，他们的情绪和行为总会出现一些变化和短暂的反复，识别和理解个体的差异，有助于父母、家人用关爱、支持的方式应对婴儿气质方面的挑战。当父母在使用类别和标签的时候需要特别谨慎，你对婴儿恰当或不恰当的期望，会塑造小家伙的不同气质类型。比如，你把自己淘气的宝宝归为困难型的孩子，不管他们表现出什么样的行为，你总是倾向于将他当作困难型的孩子来对待。久而久之，宝宝在与你的相处中会不断调整自己的行为，表现得越来越像困难型宝宝，于是，这更加坚定了你的判断，鼓励你使用更多应对困难型宝宝的方式去对待他，这样，一个困难型的宝宝就彻底被塑造出来了。

温馨贴士

当宝宝表现得不可理喻的时候，作为父母，我们第一时间需要做的是去捕捉宝宝在向你表达什么样的需求，而不是表现出不耐烦的态度，甚至是抱怨的语气，让宝宝原本糟糕的情绪更加恶化。明确了宝宝的需求之后，父母需要表现出愿意沟通的态度，在与宝宝的协商中解决问题，并且给他示范容易让人接受的表达需求的方式有哪些。如果父母的确有消极情绪需要立即处理，不要害怕表达自己，但表达自己感受的时候不要刻意地夸大或者使用夸张的表情或者行为，让宝宝误以为这是一件很有意思的事情而不断重复其错误行为；更不要使用责备、打骂等极端的方式，而是要就事论事，清楚地说出自己的感受，让宝宝明白你为什么会有消极情绪。如果实在难以控制自己，可以暂时让自己离开当下的环境，去洗洗脸或者透透气，然后再回来继续与宝宝“斗智斗勇”也未尝不可。

父母随笔

第三部分

创建崭新的“0 岁”家庭

爸爸妈妈们，恭喜你们，家里添了一位新成员。小家伙的到来，让你们看起来手忙脚乱，为了迎接这个新成员，你们也经历了脱胎换骨的重生。好在，你们拥有了小宝贝，成为了爸爸、妈妈，这让你们看起来生机勃勃，就像清晨的阳光一样让人觉得温暖而充满朝气。

第1章

家人是0岁孩子成长的力量

每一个初生的小婴儿，都带着一身的疲惫来到这个陌生的世界，与一对渴望的父母组成一个家庭。这个家是父母曾经的家，又与之前不再完全相同，从此，每个人的生命都将因为拥有崭新的彼此而发生改变。因为有了小婴儿，家庭因此而升级，有了新的收获，也肩负着新的责任。

你是我的谁谁谁

刺眼的光线、嘈杂的人群，我努力摆脱的，原来是我最怀念的地方。来到这个陌生的世界，一阵阵凉意，一个虚弱的女人和无数焦急的面孔，匆匆的脚步近了又远了，滴答滴答，仿佛有什么东西在时刻监视着我，让我觉得很不安。每一双托起我的手，每一双注视我的眼睛……我想知道我是你的谁，而你又是我的谁谁谁。

每一个人都像机器人一样，按照设定好的程序为我服务，有人给我剪断羁绊、有人为我清洗身体、有人给我裹上温暖的被子；有人欣喜、有人流泪、有人坐立不安；有人送来甘甜的乳汁、有人唱着甜美的歌谣、有人说着赞美的语言……所有这一切，都是井然有序，不慌不乱，只要我发出信号，一定有人来满足我的需求。渐渐地，总是那么几个人来来回回，送来乳汁的总是那个面露倦色的女人，唱歌谣的有时候是个西装革履的男人，有时候是个满脸皱纹的老人，只是男人的歌声低沉而富有磁性，老人的歌声断断续续夹杂着喘气的声音。还有时候，送乳汁的女人也会唱歌给我听，声音轻轻的、细细的，最是好听了。偶尔还会有一些陌生的面孔不停地称赞我，虽然听着很舒服，但他们身上冷冰冰的，我不是很确定是否喜欢他们。再后来，一看到那些陌生的面孔，我干脆哇哇大哭不要他们接近，省得还要费神去考虑自己到底该不该喜欢他们。

对于刚出生的婴儿而言，他还不知道遇到的每一个人对他来说意味着什么，但聪明的小家伙从每天的生活中渐渐认识到，有些人是值得信赖的，而另外一些人是不需要花费精力去讨好的。我们无从得知在小家伙学会说话之前，每个经常在他面前的人对他来说到底是一样还是不一样；但是，作为家庭的成员，我们有责任和义务，让小家伙尽快明白，这个家庭是如何运作的。

每个人的家庭都像一辆车，有的是炫酷的跑车，有的是高级的小轿车，有的是舒适的SUV，也有的可能是自行车。家人就是车的各个零部件，每个零件的功能都有所不同，看似分得清孰轻孰重，但是缺少哪个零件，家庭的那辆车都不再会正常运转。同时，每一个零部件都需要在合适的位置上，不管来自哪里、要去哪里，可能路途遥远零件磨损，可能跑错了方向需要及时调整，但不管怎么样，只要各司其职，那家庭这辆车都会跑得顺畅而愉悦，最终到达目的地。

父亲和母亲

嗨，小家伙你好，我们是你的父母，是我们的爱将你召唤到这个世界、这个家庭，你的身上流着我们两个人的血液，你的眼睛像极了爸爸，你的嘴巴看起来和妈妈小时候一模一样，你是我们爱的结晶、生命的延续，我们将要一起照顾你、陪伴你、爱你。也说不好，或许有一天，我们不再是今天这样甜蜜的样子，或许有一天你会发现你见到其中一个人的频率会高一些；但是，那是爸爸和妈妈之间的问题，爸爸对你的爱、妈妈对你的爱一直都在，我们向你保证。

在中国，多少年轻人被社会被舆论催着走，好像这一生仅仅是个“通关打怪兽”的游戏，到了某个阶段需要做某件事情，所以结婚生子都是为了完成一项任务，然后进入到下一个阶段。好在，越来越多女性的觉醒，让社会正在悄然发生改变，妈妈是女人的一个身份，但不是全部；爸爸是男人的一种责任，而不仅仅是代号。爸爸、妈妈和宝宝共同经营的关系才能称为家，而在家的倒三角形中，爸爸和妈妈的关系毋庸置疑应该是最稳固的那一边，夫妻关系是父子、母子关系的原始之力，没有了夫妻关系，父子和母子的关系就会变成无源之水、无本之木。

在宝宝 0 ～ 1 岁的这一年，夫妻关系会经历严峻的考验：原本貌美如花的女人整天和孩子的屎尿打交道，好像变得不那么可爱了；原本负责赚钱养家的男人肩上的担子越来越重，好像变得不那么浪漫了。女人不再为那个悦己者梳妆打扮，照顾孩子的劳累和生活圈子的缩小让她对男人越来越苛求；男人也不再把目光聚焦在女人身上，经济的压力和对孩子的偏爱让他对女人越来越没有心动的感觉。在“孩子大一些就好了”的善意谎言下，每个人强压着内心的波澜，静待变好的那一刻，殊不知，唯有主动经营，一切才有可能越来越好。

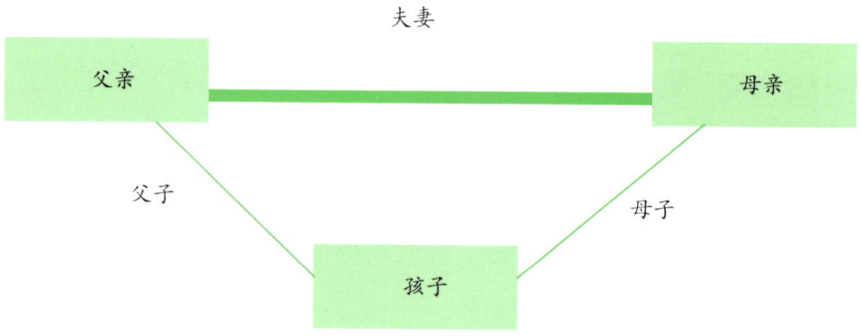

亲子关系、夫妻关系图

亲子关系不是夫妻关系的黏合剂，相反，良好的夫妻关系才是亲子关系的润滑剂，是孩子获得安全感的重要源泉。笔者曾经看过一篇文章，大意是当夫妻两人对爱情感到失望的时候，并不是孩子该出场的好时机，成为父母并不能弥补成为妻子或者丈夫的遗憾。如果你只是单纯地想成为父母，想为另外一个生命负责，最好打住想引一个天使来到人间的念头。1岁以内的小家伙，就是从无数次的观察和试探中找到自己真正的父母，把自己珍贵的语言（“baba”“mama”）献给他们的。

Tips

夫妻关系才是家庭中的第一关系，只有夫妻关系和谐，孩子才能得到爱的能量。

亲子关系也不是夫妻关系的终结者，你的孩子在茫茫人海中与你相遇，也仅仅是相遇。1岁之前，父母的责任很容易被别人取代，而孩子却浑然不知，只是，为人父母却不能尽到父母的责任，对于每一个成年人来说都是莫大的损失。因为各种原因，夫妻关系变得脆弱甚至不再存在，原本相爱的人因为养育孩子而不再相爱，那这样的爱本身就是存在问题的，孩子不应该成为替罪羊来承受无处安放的恨和多余的爱。他是孩子的父亲，她是孩子的母亲，只是他与她之间出现了问题，仅此而已。

误闯人间的小天使，需要父母的爱给他成长的力量。人们常说，父母是孩子的第一任老师，要教会那个能力有限的小家伙很多很多他生存所需的本领，比如健康的作息、科学的营养、宽容博爱的心等。一个人需要有多少爱与耐心，才愿意为一个小生命负责，除了舐犊之情，恐怕没有人愿意这样为另外一个人无私地付出了吧。

孩子，折射出父母的影子。不久之前，一篇名为《缺失的父亲+焦虑的母亲+失控的孩子=中国式的家庭》的文章辗转于各大亲子育儿论坛，让很多人产生了共鸣。在沉重的生活压力和传统的男主外女主内的观念的双重作用之下，拼命为孩子争取更多资源的重任让父亲或主动或被动成为家庭中的影子人，孩子能感觉到他的存在却很难去拥抱他，由此造成了很多“假性单亲家庭”。而孤军奋战的母亲难以避免地陷入孤独感和不安全感中，潜意识中把家转化为她痛苦的根源，那本应由丈夫承担的焦虑和需要，都被投射到孩子身上，原本应该付出的人只有不断索取孩子的依赖才能让她觉得自己是被需要的、是被爱的。

男人习惯以工作来逃避问题，而女人常常以照顾孩子来掩盖问题，两个人都喜欢用“我就算了，可是为了孩子……”来表达各自的期待，因为这样更加冠冕堂皇，但其实，每个人最不能忍受的是自己被忽视。想要让父母回归原本的位置，成为孩子合格的老师，我们需要再一次强调，“妈妈是女人的一个身份，但不是全部；爸爸是男人的一种责任，而不仅仅是代号”。当代的女性，除了作为女儿、儿媳、妻子、母亲，还可能是各行各业优秀的人；当代的男性，辛勤的劳作不再是为家庭付出的唯一方式，成功不是积累了多少财富，家人内心的富足才是男人应该追求的最大的成功。

祖父母

臭蛋，你来啦，我们是你父母的父母，你爸那臭小子、你妈那倔丫头总是忙得顾不上陪我们，还处处顶撞我们，这下好了，你来了，我们就有事情可做了。哎哟，我的小孙孙，你看你长得多像你爸爸/妈妈小时候，那时候他/她也像你这么可爱、这么黏我们呢。

“老李，带孙子呢！你是几个孙子的爷爷呀？”

“嗨，老张，我是三个‘爷爷的孙子’呐！”

在中国的家庭中，育儿不是夫妻两个人的事，而是三个家庭的事情。由于社会保障制度的不健全加上各种经济的压力，几乎没有祖父母不参与育儿的，他们有钱出钱、有力出力，使得育儿问题走向两个方向：一是整合资源良性发展，宝宝沐浴在疼爱中茁壮成长；二是家人间相互排斥，关系不断恶化，宝宝成为权力纷争的牺牲品。

积极的选择之一

父母、祖父母相互配合，以刚出生的宝宝为圆心进行资源的整合、关系的调整，尽可能以小宝宝和年轻的父母所组成的家庭为核心进行良性发展。比如，白天祖父母帮助照顾妈妈和宝宝的饮食起居，并进行适当的育儿指导；晚上从功能上恢复爸爸妈妈宝宝的三口之家，老人不一定非要离开那个房子，但一定要离开共同育儿的情景。这种情形对于每一个家庭成员来说都是最优的选择。两代人容易在育儿过程中产生各种矛盾，时代的变迁、文化的差异、饮食习惯、生活习惯、育儿经历和理念、对男女平等的要求等等都可能成为诱因。年轻的父母，要勇于承担起灭火器的重任，还要时时心存感激之情。特别是年轻的爸爸，应该在妻子产生初期情绪的时候发挥双重的作用。祖父母是爷爷、奶奶，由爸爸去沟通自然更加知己知彼；外祖父母是姥姥、姥爷，爸爸体贴的问候和偶尔的小礼物自然会让疼爱女儿的老人再累也愿意照料小宝宝。

积极的选择之二

祖父母在宝宝出生的头一年代替父母的所有职责和功能，这一般出现在祖父母身体健康且比较强势，而年轻的父母正好又处于事业的上升期的家庭中，或者是年轻父母因为种种现实原因不得已的选择。不管出于什么样的原因，这样的选择虽然眼前的矛盾相对较少，但长远的考虑却不一定如此。年轻父母完全相信祖父母并愿意让渡出作为父母的责任、权利和义务，但对于小宝贝来说，他历经千辛万苦来寻找的人是自己的父母而并非父母的父母，这样退而求其次的选择对他来说有些委屈。父母子女之间的缘分不应该白白被浪费，年轻父母需要做出一些努力和牺牲，用以联结父母子女之间的情分，联结的方式因人而异，但精神层面的满足远远好过物质层面的馈赠。

消极的状况

渴望被认可的祖父母、坚持己见的妈妈、逃避责任的爸爸……面对祖父母和妈妈之间的权力之争，需要评理的爸爸要么在外面打拼得焦头烂额无暇顾及家长里短，要么两边都不敢得罪只好装作很忙的样子，要么情商下线火上浇油，总之，家里总是鸡犬不宁。这对宝宝来说，无疑像是落到一个年久失修的坏机器中，需要随时开启切换模式设置，甚至还可能面临机器的重新启动。修理机器的任务可不能交给刚来到这个世界的小家伙，他有能力让每一个零件熠熠生辉，但他绝对没有能力让机器重新运作起来。同时，在这样的家庭氛围中成长的小家伙虽然得到了很多爱，但是这些爱却无法给他力量。

长兄长姐

嗨，小不点，你来了。你看起来还挺好玩，我挺期盼你来陪我。可是，你怎么那么小还那么笨，只知道吃奶睡觉哇哇大哭，还抢走了我的妈妈，你来我家干什么？你没来的时候，我妈妈每天都搂着我睡，你看你的衣服还是我的呢，不过，看在你有点可爱的份上，我就不计较了，反正我和你抢妈妈，我也赢不了。但是，你听好了，你什么都得听我的，不然就把我妈妈还给我，记住了没！

二胎政策放开以后，越来越多的家庭迎来了二宝，刚出生的小家伙有哥哥或者姐姐，虽然他们的父母大部分成长在独生子女的家庭中，但只要提前捋顺了大宝的脾气，让二宝和大宝和平相处，根本不是什么难事。对于刚出生的小家伙来说，他对大宝的存在只有好奇，就像是为他服务的各种“机器人”一样，只是这个比他大不了多少的“机器人”在他眼中或许和成年人还是不同的吧。他喜欢和他们亲近、对他们露出天使般的微笑，偶尔，他可能会被这些大一些的家伙欺负，但小宝宝不会记仇，他对哥哥姐姐的爱似乎是浑然天成的。

远亲近邻

“嗨，小朋友，我知道你来了，你响亮的哭声搅得我都无法好好睡觉了，不过，你看起来肉嘟嘟的，好可爱！”

“啊，能不能安静点儿，你这个烦人精！”

“喂，你好啊，小宝贝，你先好好休息，过几天再来看你啊！”

刚出生的小宝宝总是左邻右舍、亲戚朋友关注的焦点，总有那么一些人期待见到他们，也总有一些人觉得新来的小宝宝让他爱不起来。不管怎么样，住得近、和小家伙或多或少有些血缘关系等原因让他们之间有了联结，但小家伙会不会遇到这个人、会不会喜欢这些人，完全取决于父母、其他家庭成员与他们之间关系的亲疏程度。聪明的小家伙会根据他信任的人对陌生人的态度来决定自己是否要对他友好，而他观察的标准更多的是非言语的交流。

保姆

小朋友，你好，我是阿姨，在你的家里，我也是新人一枚，以后请多多关照。我遇到过很多像你一样的小天使，我和他们都能愉快地相处，看到你我会想起他们，也会想起我自己的宝贝，没错，我有自己的宝贝，照顾你是我的职业，当然，主要还是我喜欢像你一样的小天使。

保姆，专业的称呼是月嫂、育婴嫂，他们接受过一些初级的培训，持有民政机构或者民间机构颁发的从业资格证书；具有一定的实践经验，经验越丰富，收入会越高，有些保姆的月薪甚至会超过白领。越来越多的家庭在宝宝出生的第一个月会请月嫂来帮忙照顾产妇和婴儿，之后由祖父母来接替。在多胎子女家庭、或者祖父母不能提供援助、或者家庭经历了糟糕的代际磨合后祖父母拂袖而去但父母必须都出去工作的情况下，经济状况允许的很多家庭会选择请育婴嫂长期入住家中，照顾宝宝的饮食起居，这就使得家庭的结构有所变化，家庭中的每一个人都要调整自己以适应新的家庭结构。

“共情”是家庭给予孩子最好的爱

共情，又译作同感、同理心、投情等，是人本主义创始人罗杰斯提出的，是指体验别人内心世界的能力。共情具体包括借助别人的言行，深入对方内心去体验他的情感、思维；借助自身的知识和经验，把握别人的体验与他的经历和人格之间的联系，更好地理解问题的实质；运用技巧，把自己的共情传达给对方，以影响对方并取得反馈。共情一般用在心理咨询当中，使得咨询师能设身处地地理解求助者，从而更准确地把握情况；让求助者感到自己被理解、悦纳，从而会感到愉快、满足；促进了求助者的自我表达、自我探索，从而达到更多的自我了解和咨询双方更深入的交流；对于那些迫切需要获得理解、关怀和情感倾诉的求助者，有更明显的咨询效果。

其实，在我们的日常生活中，也经常会遇到这样的经历——当我们感到失望，想要对信赖的人倾诉时，如果对方不能理解或是没有表示出关心的态度，或是表现出不耐烦甚至批评，或是虽然表示理解但没有直击我们内心的那个痛点，我们的感觉会更加糟糕。在宝宝出生的头一年，这样糟糕的体会对于每一个人来说都将非常频繁，小宝宝也不例外，不管是夫妻、婆媳、翁婿、父子、母子，与每一个人产生共情，是每个家庭成员都需要练习和掌握的技能。

表达共情要善于使用躯体语言，如目光、面部表情、身体姿势和动作，并且应因人而异，要考虑到对方的性别、年龄、文化习俗等，从对方的角度、见识、认知水平去看待当前的问题，设身处地地去理解对方的需求是什么，适度适时地给予自己的关心和帮助。比如，对于1岁以内的小孩子，他表达需求的方式以哭闹为主，我们就不能用成年人的思维去断定婴儿的哭闹只是要挟大人满足其需求的手段。没错，哭闹是一种手段，但对于不会说话的婴儿来说，这和成人的语言一样是一种正当的手段，对于这样的表达方式，我们要表现出更多的接纳而不是拒绝。再比如，我们总以为1岁之前的孩子什么都不懂，擅自为他做了很多决定，小家伙的确不懂，但他还是需要你的解释，特别是对于很多习惯的态度，家人之间如果没有达成一致，就会让小家伙陷入混乱：为什么我在爸爸面前能随便吃手而在妈妈面前不行？为什么我的床湿乎乎的时候，妈妈总会拍我屁股而奶奶还会夸我？这些看似无关紧要的问题，让小家伙掌握每个人脾气的同时也耗费了很多精力，特别是涉及很多规则、礼仪方面，每个人之间的不同点会统统集中在小家伙身上，让他无法消化，所以，对小宝宝的共情，不仅体现在对其行为的接纳上，还要体现在家人对其养育态度的一致性上。让宝宝远离成年人冲突的漩涡，是家庭为他做的最有意义的事情之一。

第 2 章

家是 0 岁孩子的助力器

两代人变成三代人，两口之家变成三口之家，家赋予了每一个家庭成员新的意义和身份。曾经的孩子成为了父母，曾经的父母成为了祖父母，降落凡间的小天使，要以孩子的名义让每一个人重新认识生命的力量。你的家庭，准备好接受新任务了吗？

理顺关系，各司其职

举案齐眉，相濡以沫——夫妻关系

笑笑和洋洋一直是家人、朋友、同事眼中的模范夫妻，从来不吵架，即使意见相左也都笑着解决，一度让婆婆都称赞不已。可是，自从有了宝宝，两个人的分歧越来越多：教育理念不同、婆媳关系不和，妻子为了照顾孩子无暇顾及丈夫，丈夫被工作、婆媳矛盾搞得焦头烂额，还哪有心情好好说话，更别提去过两人世界了。

良好的夫妻关系是高质量亲子关系的重要保障，而有宝宝的头一年，夫妻关系又要经历严峻的考验，在宝贝出生后继续保持积极的夫妻关系，是初为父母者的必修课。想要好的爱情，只有两颗相爱的心是不够的，特别是有孩子的头一年，各种从未经历的状况消磨着夫妻之间的精力和耐心，付出总是得不到回报的感觉让每一个人都很疲惫。女人很容易简单地认为男人连基本的责任心都没有，很多新手妈妈会抱怨男人根本不知道自己有多辛苦；而男人会觉得自己赚钱养家也很辛苦。双方都抱怨对方不能站在自己的角度想问题，都觉得对方不理解自己，于是就更不愿意去理解对方，最终陷入恶性循环。让大家更平和地看问题，不是简单地否定和批判，好的交流和特定的夫妻相处时间会派上大用场。

夫妻之间的对话模式会影响问题的解决效果，在人的精力、耐心有限的时候，直接的需求表达更能解决问题。如果你希望对方拖着疲惫的身躯从你隐晦的话语中猜出小心思，那结果一定会让你失望。夫妻之间有了孩子之后要收起那些不切实际的小幻想，清楚明确地说出自己的需要，好让对方迅速明白你真正想要的是什么。如果不习惯提要求，可以用留言条、微信等方式告知对方你希望对方如何做，而被要求的一方要用积极的方式去回应，实在做不到可以客观地解释原因，而不要把自己做不到的无奈转化成对要求者的抱怨。有时候，解释不一定获得对方的谅解，那说明对方真的非常希望你能做到某件事情，那么这时，你可以考虑是否有替代的方案去达成对方的愿望。比如，一位新手妈妈抱怨丈夫总是很忙，希望丈夫能多承担一些照顾小婴儿的责任，可是丈夫真的抽不开身，丈夫在向妻子说明原因并得到谅解的情况下可以考虑请人帮忙照顾宝宝，让妻子有半天的休息时间。

特定的夫妻相处时间，也可以说有一种仪式感，夫妇在固定的时间过过二人世界，不要让孩子的到来冲淡了原有的亲密感。把孩子交给自己信赖的人，安排好孩子的饮食，然后夫妻一起去看场电影、散散步、聊聊孩子以外的事情。这对于有着共同兴趣爱好的夫妻来说不是什么难题，对于本身没有共同爱好的夫妻，现在培养也不算晚——只要是需要两个人共同完成的活动都可以，最好是离开家，哪怕无事可做去KTV唱唱歌发泄一下，就算只有两三个小时，都会让夫妻之情迅速恢复，两个人都会更加有信心回归到三人之间，承担起各自的责任。

不拘小节，适度示弱——隔代关系

丽丽和丈夫是同事，丈夫家在外地，有孩子之前丽丽很少与婆家见面。宝宝出生了，婆婆从老家赶来帮忙照顾，只是婆婆是个强势的老人，丽丽也不甘示弱，两个人都觉得自己才是育儿的权威，没过多久，婆婆就以丽丽看不起她为理由哭着回了老家，扔下还没出月子的丽丽不知所措。

君君生了宝宝后一直住在自己妈妈家，月嫂走了后照顾孩子的任务就落在姥姥身上，可是，君君总是觉得妈妈太过严厉，只要妈妈在，大家一直都处于紧张焦虑的状态，终于有一天，母女俩大吵了一架。

隔代关系，是大部分家庭在孩子出生后需要正视的问题。前面提到积极的隔代关系对于宝宝有着不可言说的重要作用，对于家里的成年人来说，也是好处多多。迟暮的老人盼来了孙儿，不再害怕老去就等于无用，提起精神准备奉献；而年轻的父母，有了老人的支持，生活工作都会变得轻松许多。想要保持融洽的关系，就不得不忽略一些无关紧要的小事，要让每一个人都觉得自己是有用的、有价值的并且是有自由去做自己愿意做的事情、拒绝自己不认同的道理。

站在老人的立场，对衰老的恐惧总是让他们显得非常强势，他们希望自己还能作为家长掌控家庭的大小事务，一旦儿女质疑自己养育孙儿的方式方法，他们就会认为儿女是在否定自己的价值，进而表现出一些过激的情绪和行为。有些老人因为早年经历养成了节俭的习惯，于是看不惯儿女的大手大脚，也不认同儿女的消费理念和生活态度，他们忍不住对此发表自己的观点，让注重生活品质的年轻人难以忍受，这时，就需要年轻人和老人都有所包容。

站在年轻父母的立场，害怕输在起跑线上的心理促使他们想用最先进的理念给孩子最好的环境和教育，无处安放的焦虑会让他们不由得设置一些不符合老人习惯的育儿任务。老人对此要持开放的心态，与儿女积极地进行探讨，而不是倚老卖老；年轻的父母也要时刻心存感激并且理性考虑，不能认为老人的付出是理所应当的，更不可以把老人当作自己情绪的垃圾桶。你要明白，你的父母没有为你抚育儿女的责任，他们是出于对你的疼爱才愿意接下照顾孙儿的重任。

Tips

年轻的父母要明白，父辈没有为我们抚育儿女的责任，他们是出于爱才愿意接下照顾孙辈的责任。

真正处理起眼前的家庭生活，起作用的不是我们头脑中的大道理，而是文化传统和思维习惯。在中国，老人作为免费的保姆照顾孙子，不管在老人心中还是年轻人眼中都是理所应当的事情，哪怕老人心里并不愿意或者年轻人总是表现出老人没有义务为自己看孩子的大度，骨子里那种“社会就是这样的”理所当然很容易与眼前的现实产生冲突，使得每个人都觉得哪里不对劲，每个人都很委屈，但每个人都找不到问题的根源到底在哪里——反正周围人都这样，我也希望得到同样的待遇。你是否看到，社会正在悄然发生着改变，父母子女之间的关系也在慢慢发生变化，如果你能对这样的变化保持觉醒，同时将家庭劳作和育儿看作一种产生社会价值的方式，是否还会计较那些微不足道的得失，不管是经济上的还是心理上的。

慧眼识珠，亲疏有度——保姆的选择和相处

圆圆生了双胞胎，休完产假后她和丈夫都要工作，家里老人忙不过来，不得不请个阿姨。圆圆和丈夫看了很多阿姨，不是工资太高超

过他们的承受范围，就是年龄太大、看起来不好相处、个人卫生不够好、说话听不懂，等等，最后好不容易经过熟人介绍看好一个。保姆自诩为文人，因家庭变故不得不出来工作补贴家用，特别害怕别人看不起她，要按时吃饭、按时睡觉、还要双休。最后，这个保姆不到一个月就嫌辛苦不干了。

选择一个好保姆的工作复杂程度不亚于世界500强公司的HR选择一个好员工，年轻的父母们需要从家庭成员的需求，家庭预算，保姆的人品、性格、身体状况、年龄、稳定程度、职业素养等方面综合考虑进行选择，最终还要看缘分和运气，实属不易。

决定请保姆之前，家庭成员要经过充分的沟通，列出家庭的需求——是只需要保姆白天看护还是要住家，只负责看孩子还是需要承担一些家务，有多少预算，是保姆独自看孩子还是有家人辅助等问题；还有就是家人对保姆的预期——是否需要考虑保姆的文化程度、地域等问题。家人的意见初步达成一致后，就可以考虑通过哪些方式请保姆了。

一般寻找合适的保姆有两条途径：一是经过熟人介绍，这样做的好处是熟人与保姆直接或者间接相处过，比较知根知底，而且免去了昂贵的中介费用，比较经济划算；问题是被介绍来的保姆不一定受过专业的训练、健康状况等难以彻底了解，而且一旦产生纠纷很难收场。另外一个途径就是通过中介机构按照雇主的要求推荐，保姆的质量有保障，双向多次选择直到双方满意为止，一旦产生纠纷有中介机构进行调节；缺点就是中介费用较高，而且对保姆的个人情况难以全部掌握，只能在雇佣关系产生后慢慢了解。尽管两条途径各有利弊，相比之下，我们还是推荐通过正规的中介机构选择保姆的方式，这也是大部分有资质和有丰富经验的保姆首选的发布求职信息的方式，她们认为通过中介，各方面权益有所保障而且能避免很多不必要的麻烦。

经过考察，签订了雇佣合同，选定的保姆就要正式进入家庭了。保姆要从一名陌生人成为家人，在这个过程中可能会出现一些问题——孩子是否适应、年轻父母是否有所担心、老人和保姆之间是否能够和谐相处等随时可能扰乱所有人的正常安排。在家庭开始考虑请保姆的那一刻开始，宝宝就应该是非常重要的相关主题会议的旁听者，要让他知道将要有这样一个人代替父母的一部分工作来照顾他，虽然他不能发表任何意见，也不晓得他是否明白那意味着什么，但让他参与总好过突然把他扔给一个陌生人。孩子需要一段时间的过渡来慢慢认识这个新来的照料者，而这也是父母考察自己是否请到一位适合自己家庭的保姆的良好时机。考核通过以后，父母就可以适当地每天离开一段时间了。

当保姆与小宝宝慢慢熟悉后，父母千万不能贪图一时的方便，认为自己从此只要安心赚钱、自由自在行动就可以了。一方面，保姆只能取代照顾孩子饮食起居的任务，父母与宝宝之间情感的联结是任何人无法取代的；另一方面，孩子的饮食安全、人身安全等问题，也是父母不得不考虑的问题，应尽可能地防患于未然。这就关系到父母、家人与保姆之间的关系。

保姆是员工。双方在一开始需要明确讨论好员工的职责是什么，比如有些保姆只负责照顾孩子，有些保姆只需要承担清理房间、买菜做饭的工作，还有些保姆需要将这些工作统统做完。同时，还要讨论员工的福利，比如多长时间休息一次，请假的制度是什么，每月工资是多少，遇到请假、加班如何结算费用等等。这些细节，决定了保姆这个家庭的员工能否按照雇主期望完成工作，也会避免很多后期的冲突和纠纷。

保姆也是家人，需要尊重、共情、自由。一般保姆的年龄都比年轻的父母要大一些，保姆也是长辈，年轻父母在给保姆安排工作时切不可以颐指气使，处理矛盾时也不能人身攻击，而是要就事论事以解决问题为目的。另外，年轻的父母要注意调节老人和保姆之间的关系。或许是老人和保姆配合长期照顾孩子，或许是老人偶尔来帮忙，不管哪种情况，老人可能会以家长的态度要求或者审视保姆，让保姆产生一些误会。所以，年轻父母需要提前和老人沟通，肯定老人的贡献，不能让老人觉得保姆取代了自己；另一方面，也不能助长老人的家长风气，让保姆觉得有太多的领导在监控自己。

身体健康最重要

养育一个身体健康的宝宝，是很多家庭最初的梦想。在孩子出生的头一年，宝宝的健康牵动着一家人的心，为了宝宝的健康着想，家里的每一个人都应该养成良好的卫生习惯和生活习惯，在这个基础上，如果有人懂得一些基本的护理知识，那是最好不过的了。

良好习惯如何养成

勤洗手。与宝宝接触的每一个人都应该做到勤洗手，小宝宝的免疫力低下，对成年人来说毫无危害的病菌可能就会引起宝宝严重的疾病。宝宝的主要照料者要勤洗自己的双手，特别是上完厕所、为宝宝清理完大小便、给宝宝冲泡奶粉前等。不要不好意思要求来探望宝宝的长辈、家人、朋友洗手，善意的提醒好过事后的后悔，只要注意说话的方式或者在一进门就引导他们进入洗手间，通常都不会拒绝。

勤打扫房间卫生。有小宝宝的家庭每天要清理卫生并且通风，特别要注意宝宝的房间和奶粉冲泡区的卫生。

宝宝要勤洗澡、勤换衣物。小宝宝很容易吐奶，吐奶后衣服要及时更换。有条件的话要每天给宝宝洗澡，但洗澡的水温不宜过高，吃饱后不宜立即洗澡，洗澡用清水就可以；最好不要每天都用洗浴产品，不然，宝宝的皮肤容易干燥。

适当的户外活动。满月后的宝宝，可以根据天气情况进行户外活动。经常去户外走走、晒晒太阳，对宝宝来说是非常好的一种锻炼，既可以呼吸新鲜的空气，又能接触到大自然，增加宝宝的抵抗力。

宝宝用品要区分。宝宝的衣服、床上用品、奶瓶、餐具、指甲钳、洗护用品、洗衣盆等物品要与成年人的区别开，以免引起交叉感染。每次使用后最好用沸水、蒸汽或者阳光暴晒等方式来消毒。

宝宝常见疾病的家庭护理

我们常说，孩子不会装病，难受的时候，我们很容易从孩子的各种表现判断程度是否严重。一般来说，小婴儿生病的症状变化非常快，是否需要看医生，要根据症状所引起的全身状态来判断。如果孩子已经表现出了一些生病的症状，如发烧、流鼻涕等，但精神、食欲和睡眠都还好，嘴唇、指甲、皮肤的颜色正常而且意识清楚，家人就不必太过于惊慌，可以观察后再做决定。

◇新生儿黄疸

胎儿的红细胞多，出生后红细胞被破坏，而处理这种情况的肝脏还未成熟，所以一种称为胆红素的物质在血液中增加引起黄疸，一般在7～10天后黄色会自然变淡。

生理性黄疸。刚出生的婴儿在出生后2～3天皮肤发黄，黄色会自然消失，不需要治疗。

母乳性黄疸。因为母乳中含有大量减弱肝脏酶功能的雌激素，吃母乳的婴儿过了2周黄疸还没有消退，但只要胆红素的数值不高就没有问题，这种黄疸不需要治疗，也可以继续吃母乳，不久之后症状会慢慢消失。

新生儿溶血性黄疸。母亲与婴儿的血型不相宜而在母体中产生胎儿红细胞的抗体，破坏胎儿体内的红细胞导致胆红素的增加，情况严重的时候会造成贫血和重症黄疸，这种黄疸需要尽早通过蓝光治疗。

◇先天性鼻泪管阻塞

宝宝总是流眼泪，并且有很多眼屎堆积在眼角，这是因为眼睛通鼻子的管道天生阻塞或狭窄。

如果宝宝有以上情况，可以用热水浸泡的纱布仔细擦拭并且按摩宝宝眼角，一段时间后依旧没有好转的话就需要去新生儿眼科就诊。一般医生会用较细的针头加上生理盐水冲洗泪管，三次之后还是没有好转就需要给宝宝做一个几分钟的小手术，将鼻泪管和鼻腔之间残留的薄膜通开。

◇婴儿湿疹

湿疹。婴儿受妈妈激素的影响，皮脂分泌旺盛，皮质本身或皮肤中的细菌分解的物质刺激皮肤就会形成湿疹。出生 2 ～ 3 周以后，婴儿脸上或身体上出现红色小颗粒，会溃烂渗水，并且很痒，抓破后会结痂。轻微的湿疹只需保持皮肤清洁就能治愈，严重时需要看医生，按医嘱涂抹一些药膏，但目前市面上的药膏大部分含有激素，涂抹之后效果很好，但不久又会复发，父母需要慎重选择。

溢脂性湿疹。溢脂性湿疹是湿疹的一种，主要出现在长毛发的部分，比较常见的地方是宝宝前囟门周围和眉毛周围，出现黄色皮屑或者油性疮痂一样的东西，潮湿发黏并且很痒。如果症状较轻，洗澡后用脱脂棉蘸油为宝宝擦拭，反复几次疮痂脱落，注意皮肤清洁就好；如果比较严重，可以先用凡士林或者油浸泡一会儿再擦拭，一般都会慢慢好转。

干性湿疹。干性湿疹学名乏脂性湿疹，又称裂纹性湿疹。它主要由皮肤水分脱失、皮脂分泌减少、干燥而造成，可发生于身体多处，多见于四肢。婴儿干性湿疹一般与遗传、皮肤保湿不够、清洁过度或者过敏有关，虽然也叫湿疹，但是不会化脓，有白色皮屑，患病处摸起来像一层硬壳。一般干性湿疹不用特别的药物治疗，父母需要注意引起宝宝过敏的食物，降低宝宝洗澡的频率并且洗澡的水温不宜太高，经常涂抹油性护肤品，逐渐就会好转。

◇误食异物

婴儿误食异物有两点让人担忧的地方：一是固体异物卡在喉咙里造成窒息，这是比较常见的误食异物的情况，也比较容易处理；二是误食的异物可能伤害消化道或者被吸收后引起中毒，这种情况在 1 岁以内的婴儿身上一般较少发生，一旦发生，应该立即送往医院进行治疗。

如果是固体物质卡在喉咙里，可以试着用干净的手指伸到孩子嘴里掏出异物，如果掏不出来，抱住孩子上半身或者让孩子头向下抱着他，用力拍打背部肩胛骨之间，让孩子借助肺部气体的压力把异物吐出来。误食的固体如果没有伤害，同时也没有卡在喉咙或者气管而是直接进入胃里，多数会在 2 ～ 3 天内随大便排出，只要注意观察大便确认异物排出即可。还有些异物会进入鼻子，成年人可以选择用嘴巴或者吸鼻器把异物吸出来，也可刺激婴儿鼻孔让他打喷嚏排出异物；记住不能用手或棉签去掏异物，因为这样有可能会把异物推到更里面的位置。

◇婴儿肠绞痛

小婴儿会突然大声哭叫，哭时面部渐红，口周苍白，腹部胀而紧张，双腿向上蜷起，双足发凉，双手紧握，抱哄喂奶都不能缓解，最终以哭得力竭、排气或排便而停止。这是由婴儿肠壁平滑肌阵阵强烈收缩或肠胀气引起的疼痛所致，是小儿急性腹痛中最常见的一种，常常发生在夜间，多半发生在3个月以内的婴儿身上，并多见于易激动、兴奋、烦躁不安的婴儿。

婴儿吸乳时吞入的大量空气或哭闹时吸入的较多空气形成气泡在肠内移动、喂奶过饱使胃过度扩张、牛奶过敏等都可能诱发肠绞痛。

当婴儿肠绞痛发作时，应将婴儿竖抱，头伏于肩上，轻拍背部使其排出胃内过多的空气；用手轻轻按摩婴儿腹部，并密切观察婴儿，如有发热、脸色苍白、反复呕吐、便血等症状则应立即到医院检查。

◇发烧

人体的基础体温因人而异，1岁之前的宝宝在健康状态时的标准体温是36.7～37.5摄氏度，通常下午体温稍高，大哭之后或饭后也会升高。婴儿不能很好地调节体温，如果穿得太厚、被子盖得太多、室温过高等，即使宝宝没有生病体温也会升高。所以小家伙并不需要穿得比成年人多很多，家长还要经常给宝宝的房间通风，宝宝比较适宜的温度是20度左右，湿度大约在60%～70%。

宝宝体温持续在 39 摄氏度以上，可以先试着物理降温——给他洗个温水澡、用温热毛巾擦拭他的身体等，因为皮肤表面水分的蒸发会带走身体的部分热量。对于太小的宝宝，不建议用冰袋或者冰枕，温度急剧下降会引起宝宝更多的不适。在高烧时，宝宝一般会食欲不振，不要强迫孩子吃但需要补充水分，以防止脱水。物理降温的方式不起作用、宝宝高烧不退、退烧后体温很快又上升或者持续低烧，应该立即去医院就诊。

◇咳嗽

宝宝在出生 3 ～ 4 个月后，经常会出现轻微的咳嗽，像是被呛到一样，这是因为宝宝唾液的分泌增多进入咽喉引起的，宝宝逐渐适应后咳嗽的症状就会消失。

宝宝生病咳嗽的原因有很多，表现形式也都不一样——有痰的咳嗽、干咳、不咳嗽但是喉咙里有呼哧呼哧的声音等。在就医之前需要观察宝宝咳嗽时的症状、时间、频率、精神状态、食欲等，帮助医生进行进一步的诊断。

◇溢奶

新生儿吃完母乳或喝完牛奶后可能会溢奶，很多时候这是因为新生儿胃的入口还不完全严密造成的，也可能是因为空气进入胃里后没有打嗝。宝宝吃奶后需要竖着抱起来用空心掌拍拍其后背，宝宝打出嗝后才能放在床上。小宝宝的床最好能有一点倾斜度，让他的上半身稍高一些，这样就不会出现胃部食物倒流回来的情况了。不过，就算拍完嗝，有些宝宝在睡觉的过程中也有可能大量溢奶，照料者需要经常查看宝宝，以防止溢出物堵塞宝宝口鼻造成窒息。随着宝宝慢慢长大，这些症状也会慢慢消失。

◇腹泻

婴儿的大便中水分很多，像水一样的粪便并不少见，他们每天会大便好多次（甚至是10次以上），特别是母乳宝宝的大便中还经常掺杂着绿色、白色的颗粒或者透明黏液，这样的大便并不是腹泻的表现，而是正常的。添加辅食后的宝宝因为食物过敏也可能会有水样大便，只要大便没有恶臭，宝宝情绪、食欲都正常，照料者就不用太过在意。

◇便秘

婴儿便秘多见于奶粉宝宝，因为奶粉中过多的添加物质使宝宝难以消化吸收，有些宝宝四五天才会排便一次，而且大便像小圆球一样又干又硬，小屁股有时候还伴有流血。这时如果宝宝很痛苦，家人就要注意了，这可能不是攒肚子而是便秘，父母需要调整宝宝的饮食，更换奶粉或者调整奶粉的浓度，让宝宝多喝水等。如果情况比较严重或者持续时间比较长，可以考虑用小童用的开塞露，不过最好还是先带宝宝去医院做进一步的检查。

以满足婴儿的需求为己任

在第一部分和第二部分我们分别强调了婴儿安全感的重要性、来源和父母应该如何做，这一部分将满足婴儿的需求再一次列出来作为整个家庭的任务和养育原则，是想引起家庭所有成员的注意——每一个家庭成员都应该是小宝宝安全感的来源，与宝宝进行富有爱的交流、对宝宝稳定的态度是每一个家庭成员的责任。

充满爱的交流

宝宝出生以后，除了对妈妈的声音格外敏感，经常听到的声音也会让他觉得特别亲切。我们在逗小宝宝的时候，总是习惯性地放松表情，睁大眼睛，使用抑扬顿挫的音调，经常重复和停顿，也就是常说的“妈妈腔”，这是人类本能地对婴儿表示善意和喜爱的声音，小家伙也非常喜欢这样的语言。当宝宝会用“啊”“呜”之类的声音回应你的时候，不要急于向别人报告这一好消息，你最需要做的是用相同的语调第一时间回应宝宝，让他知道自己会得到家人的回应与关照，这样，

Tips

父母应用亲切的声调多与宝宝交流，父母满足了宝宝的需求，宝宝自然会有安全感、幸福感。

宝宝就会认为用语言交流是一件非常有趣的事情。不用在意你带有什么地方的口音或是普通话标不标准，也不用刻意地去寻找谈话的内容，看到什么就说什么，你要让宝宝认为他是很重要的家庭成员。

始终如一的态度

我们一再强调小宝宝是家庭的重要成员，而不是家人排解孤独的玩具，因此，家长对于宝宝的态度，要始终如一。特别是1岁以内的小婴儿，他的任何行为都是在表达自己的某些需求，并不带有成年人观念中是非对错的价值判断，因此家长们不必为了宝宝某些不合心意的行为而大动干戈。另外，一个家庭新添了成员，打破了原有的平静，面对改变，每一个家庭成员都需要适应期，各人难免会有情绪上的起伏，但如果在宝宝面前毫无保留地暴露自己的情绪，甚至因为自己的情绪而对宝贝的态度时而亲密时而冷漠，敏感的宝宝就会将周围人忽冷忽热的态度归咎于自己，久而久之会变得胆小而不敢表露自己真实的需求。当然，我们可以让宝宝了解到我们的喜怒哀乐，有时候也会不可避免地在宝宝面前情绪失控，只要能及时将自己的感受讲给宝宝听，用宝宝能接受的方式，如肢体的接触等，让他明白“虽然我这会儿情绪很糟糕，但只是因为我需要发泄，并不是因为你，我对你的爱依然如初”，宝宝就会知道你的坏情绪不是因为他，他就会表现得理性而善解人意。

以发展婴儿的感知觉为重点

第一部分已经做了详细的解释，0 ～ 1 岁是婴儿感知觉发展的关键时期，家里的每一个人都应该用开放的心态接受最新的相关知识，结合各自育儿的经验和宝宝目前的状况进行优化整合，用科学的态度和方法来帮助宝宝发展潜能。即使家人之间关于某个问题的看法有所不同，也应该抱着每个人都是为了宝宝的健康成长考虑的态度进行积极交流，就算不能达成共识，只要不让宝宝产生混乱和伤害，尝试一下每个人的方法也并无大碍，毕竟，没有家人会想要伤害可爱的宝贝。

父母随笔

第3章

家是0岁孩子的安全岛

根据统计数据显示，意外伤害占我国儿童死亡原因的26.1%，而且这个数字还在以每年7%～10%的速度增长，意外伤害已成为0～14岁儿童健康的第一“杀手”。意外看似不可避免却又让人懊恼，悔不当初不如提前预防，给宝宝提供安全的居家环境，防止意外的发生是每个家庭为宝宝所做的重要功课。一般而言，宝宝越小，外在危险因素对他的影响就越大，婴儿期可能的危险包括跌落、异物吸入、中毒、外伤、宠物伤害、疾病、丢失，等等。

宝宝的家要安全

在出生后最初的一段时间，宝宝的一切都得依赖养育者的照顾。宝宝的家应该是安全而充满自由的，可以让宝宝愉悦而放松地去观察和探索，随着宝宝慢慢长大，家庭在宝宝发展的每个阶段的安全任务都是不同的。

0～6个月的宝宝：防止窒息和跌落

3个月以内的宝宝每天要睡很长时间，父母们不要以为宝宝不会翻身，就放心地去干自己的事情，要时不时地过去看看宝宝是否一切正常。宝宝的婴儿床床头最好放缓冲垫，切不能用枕头、毛毯等代替专用的床围。也不要在婴幼儿的小床上放置任何有缝口的包、塑料包装材料等，更不能把婴儿放在柔软的物件上睡觉。被子、宝宝头部周围多余的衣物和玩具如果不小心堵住宝宝口鼻就会引起窒息，而一两个月的小宝宝是没有反抗能力的。小宝宝最安全的睡姿是仰卧位，这样宝宝不容易窒息，也不会重复吸入自己呼出的二氧化碳。如果宝宝经常吐奶，最好左右侧卧交替，以免吐出的奶堵住口鼻引起窒息，或经鼻腔进入呼吸道引起吸入性肺炎。

3个月前的宝宝尽管还不会翻身，但突如其来的反射行为，如惊跳反射、爬行反射或者蹬腿，都有可能使宝宝从床沿或椅子上掉下来。宝宝的小床一定要有围栏，如果让他在大床上睡，要尽量远离床边。你要养成一种习惯——转身去做其他事情时，一只手要始终护住宝宝，以防意外事故发生。3个月以后的宝宝学会了翻身，这时，父母就要格外注意不要让他被卡住或者跌落。合格的婴儿床床栏间距离约6厘米宽，安装好床围，要保证让孩子的手可以从栏杆中伸出来。

婴儿3个月后会挥动手臂，当父母用一只手拿着装热水的杯子或其他食物时，一定不能抱着婴儿；天冷时也不要在婴儿的被子里放热水袋、电热袋等，因为婴儿很可能被烫伤。如果婴儿被热水烫伤，应立即用冷水冲洗，或把烫伤的部位直接放在冷水中浸几分钟帮助降温，然后用干的绷带或布轻轻包裹住烫伤的部位，随即带着婴儿去医院做进一步检查和治疗。

宝宝的皮肤非常娇嫩，即使是正常的生理功能，例如出汗、大小便、流口水等，也会对他的皮肤造成刺激，所以父母要勤给宝宝洗澡。宝宝的洗澡水温度在40℃左右比较适宜，可将热水器设在恒定的温度，或准备一个宝宝专用的水温计，先放冷水，后放热水。把宝宝放进水里之前最好自己用手肘试一下水温；给宝宝洗澡时，一秒钟也不能让他一个人留在澡盆里。不管有多紧急的事，也要等家里的其他人来了之后再走开，或者把宝宝擦干、包好，先抱着他出来一会儿。

每天都要检查宝宝的手指、脚趾是否被袜子、衣服或被子上的丝线缠绕，否则随着宝宝手脚不停地舞动，丝线会越缠越紧，时间长了会造成血流不畅、组织坏死。最好不要给宝宝戴手套，脖子上也不要挂任何东西。挂玩具的绳子和窗帘绳都要把线头绑好，不要靠近婴儿床。

6～12个月的宝宝：防止撞伤和误伤

6个月到12个月的宝宝慢慢学会了爬，甚至已经开始走路，宝宝变得活跃起来。虽然他的活动范围还很小，但可能发生的意外比之前要多很多，比如器物锐利的边缘、细绳子、桌角或其他家具的尖角都有可能给6～12个月的宝宝带来危险；异物窒息、烫伤、碰触电源插座触电和折叠式婴儿车使用不当等也有可能引发意外。

好奇的小天使开始无所顾忌地准备跨越围栏、跨越床头，而这随时都有宝宝掉下床的危险。此时宝宝的安全更加无法保障，所以照料者随时看护好宝宝、不离开宝宝，这非常关键，而且还要进一步加大安全措施。在随时可能有危险的地方关上门；爬行垫放在地上避免宝宝掉下床，电视、音响等电器也要远离孩子；在电源上安装防护装置，防止宝宝因好奇触电；甚至桌子、沙发、茶几等家具的棱角处都要粘贴防护条，以免磕到宝宝。

另外，为了孩子的安全着想，宝宝会爬后一定要将家里宝宝能接触到的安全隐患逐一清除，以免危险的发生。易碎物品、热水瓶、刚用完的电熨斗、装有热水的杯子以及刚从火上取下来的锅子茶壶等都应放在适当的地方，确保婴儿碰触不到。刀、剪刀、针等尖锐锋利的危险品，婴儿拿到后常爱模仿大人胡乱摆弄而误伤自己。此外，尖头的筷子、削好的铅笔等带有锐尖的东西，也不要让宝宝拿在手里玩耍，以防戳伤，特别是眼睛。

要准备好宝宝餐椅和汽车安全座椅，这两把椅子能够有效预防宝宝在进餐和交通过程中受到伤害。宝宝餐椅可以放在正常餐桌周围，让宝宝从一开始就养成良好的进餐习惯，同时也要防止宝宝在喂食的过程中被烫伤、跌落、戳伤等。安全座椅的安装要正确，仔细阅读你的汽车指导手册中有关座椅安装的指导说明。当你的孩子在车里时，每次都要使用婴儿安全座椅，千万不要抱着你的宝宝坐在带有安全气囊的汽车前座。

特别提示：口唇期的安全防护

1 岁以内的宝宝，喜欢用嘴巴探索世界，不管什么东西都要尝一尝。因此，特别提醒大家，给孩子玩的物品，尺寸不能太小，一般可以塞进底片盒大小的东西，都容易导致宝宝误食而窒息；最好避免有缝扣的绒毛玩具；不要给孩子圆的、硬的物品，如花生、硬糖果、豆子、葡萄、爆米花等，以免宝宝吞食后食道梗塞。收妥细小物品和易碎物品，诸如纽扣、玻璃球、豆子、棋子、药片等体积较小的东西，不要放在孩子够得着的地方，以防婴儿吞入口中，造成伤害。药品、化学清洁剂和洗涤剂更应放在宝宝够不到的地方。

适合 0 岁宝宝的玩具的选择

玩具是陪伴宝宝成长的好伙伴，好的玩具能锻炼宝宝的能力，发掘宝宝的潜能，满足宝宝与生俱来的好奇心，让宝宝身心愉悦。为 0 岁的宝宝选择玩具的时候，要充分考虑他们的身心发展特点，了解具体玩具的构造和作用，避免造成潜在的安全隐患。

潜在的玩具安全隐患

窒息：毛绒玩具上未粘牢的部件，掉落的纽扣、毛发，汽车上的轮子等，这些小零件都有可能造成宝宝窒息。

过敏：毛绒玩具、含有毒化学物质的玩具、色彩艳丽的玩具、没有正规生产厂家的玩具等都有可能引起宝宝过敏。

缠绕或者刺伤：带有尖角或者含绳子、花边、蕾丝等部件的玩具可能刺伤或缠住宝宝的手脚。

声光玩具的刺激：带有电池的发声、发光的玩具，电池可能会泄漏刺激宝宝的皮肤，玩具音量过大可能会刺激宝宝的耳朵，强烈灯光可能会刺激宝宝的眼睛。

按照月龄选择玩具的建议

1～2个月的宝宝能集中目光看距离27～33厘米远的物体，不过却看不清楚物品细节；他可以用眼睛慢慢地追着一个东西看，但常常会看丢。他听得见尖锐的噪音，而柔和的声音能安抚他；有人跟他说话时，他会注意看，并且模仿他们的表情；当他兴奋时，他会踢脚并舞动双手；他会直接对着人笑，也期盼能加入“聊天”；他能找到在他前面发出的声音，但背后的不行。因此我们推荐婴儿床音乐盒、色彩鲜艳的悬挂玩具、柔软的填充玩具或玩偶、小摇铃、儿童安全活动镜。

3～4个月的宝宝趴着时，能开始抬起头并用手肘支撑自己；对脸孔感兴趣，也认得母亲；能握着东西并四处挥舞；对人很感兴趣，也认得那些他觉得熟悉的人；手经常张开，碰触到东西时会握紧双手；视觉统合能力有成人协助会发展较快。因此我们推荐可捏响的塑料玩具，拨浪鼓、哗铃棒、小闹钟、八音盒等发声玩具，颜色鲜艳的小袜子、小丝巾和黑白人像卡片（最好是家人的黑白照片）、彩圈、软布球、儿童安全活动镜、地板健身器。

5～6个月的宝宝对静止的东西能看得更清楚了，不过他还是喜欢对比强烈、轮廓清晰和色彩明亮的东西。会对其他宝宝笑，特别是“镜子里的那个”；会伸手去碰触并抓握东西；会同时敲打手摇铃并大叫；开始能找自己弄丢的东西，也会参与以他为中心的活动。因此我们推荐色彩鲜艳的脸谱、不易被撕坏的书、图片、小动物、动物造型的玩具，小摇铃、拨浪鼓等手持音乐玩具，击打玩具、洗澡玩具、绒毛娃娃等不同质地的玩具，以及球类玩具、堆叠玩具、激励爬行的玩具、发条蹦跳类玩具、不倒翁等。

7～8个月的宝宝会用整个手掌紧握住一个东西，可以用拇指把东西放进手里；认得声音和他的名字；能分辨不同的旋律；喜欢看复杂的东西并且会改变姿势以寻找更好的视野。因此我们推荐激励宝宝站立和走动的游戏桌、玩具电话、像小型汽车那样可拖拉的玩具、塑料杯和塑料碗、漏斗和量勺、洋娃娃、填充动物玩具等。

9～10个月的宝宝会借助家具让自己站起来；自己坐着时能伸手去拿玩具完全不会倾倒；能抓住悬吊的东西或直接滚向他的球；手更有技巧，动作也更从容了；开始会摆出姿势，如张开双手要人抱，敲打汤勺要求吃饭等。因此我们推荐成套的类似餐具的小玩具、套塔套碗等套叠玩具、有盖子的小盒及小瓶、踏行车、健步车（宝宝用手推的车，不推荐那种半坐的学步车）等。

11～12个月的宝宝有些会扶着家具四处走动，不用家长协助也能站起来。开始发出不同的音调，听得懂大部分的话；会模仿动作。因此我们推荐户外玩具，如滑梯、秋千，套叠类玩具，小火车、小汽车等交通工具模型，适合搂抱的动物玩具或洋娃娃，激发语言的发声学习电话，各种大小、质地的球类，地板骑乘玩具。

玩具的清洗与消毒

为了宝宝的健康，玩具要定期进行清洗与消毒。耐湿、耐腐、不易褪色的玩具可用0.2%过氧乙酸或0.5%消毒灵浸泡、擦抹消毒；毛绒、纸制玩具和图书可通过曝晒，利用紫外线消毒杀菌；木制玩具可用干净的纱布蘸取75%的酒精或3%的来苏溶液擦试；金属玩具可先用肥皂水擦洗，再日晒，利用电子消毒柜或消毒剂浸泡效果也很好。

第4章

家是0岁孩子心灵的养分

有人说，孩子是一粒种子，家人的态度，让他开出不一样的花朵；有人说，孩子是一方沃土，你种下什么，他便长出什么。在你的眼里，孩子的到来是为了你的人生更加完整还是人类的繁衍？在孩子眼里，你就是他的未来。

原生家庭重要吗？

原生家庭是泛指父母的家庭，儿子或女儿并没有组成新的家庭。对于小婴儿来说，他的父母与他组成了他的原生家庭。每个人的表现都能从原生家庭的习惯、共同的经历以及氛围等找到根源，这种论调一度在家庭治疗领域深入人心。比如，来自缺乏安全感的家庭的人总是试图在两性关系中寻求安全感，得不到父母肯定的人总是寻求外在的肯定等。每个人的缺点和在感情中的负面情绪都能归咎于在原生家庭中没有获得足够的爱与满足，这样的解读原本是为了鼓励人们正视家庭的结构和关系并进行谅解，但是很多未受过专业训练的人在初次接受这一概念后总是习惯于埋怨原生家庭带给自己的伤害，将自己的爱无能归咎于父母对自己的吝啬。

的确，人生最初的亲子关系影响着一个人以后的人际交往和社会关系。尤其是在生命的初期，生理需求能否及时得到满足，影响着个体对于外在世界与他人的信任感以及安全感的判断。虽然人们很难回想起1岁之前的事情，但1岁之前的经历却是真实存在的，那些关于爱与安全的感受会影响一个人以后的人际关系。比如，当父母能够及时回应孩子的需求时，孩子更有可能认为外在世界是安全的，长大之后也更容易不拘谨并善于与他人交往。

同时，生命最初的家庭教养，也就是父母的教养和言传身教对婴儿的塑造在他们懂事之前就存在了。小家伙会通过观察，学习模仿父母的表情、姿势、发音，以及父母与自己和别人的相处模式。比如，不谙世事的婴儿，也会因为发现自己的笑可以得到母亲更多的关注而更经常地开怀大笑。小家伙在成长过程中所遭受到的创伤，如目睹激烈的家庭斗争等，都会对他的人格造成影响，即便个体没有意识到那些经历是存在的。

然而，每一个成人都有重新抉择的能力，那个由我们自己所追求的人生目标与价值所定义的自我，才是最重要的、完全属于自己的自我。只要愿意探究成长过程中的种种经历，去芜存菁才是原生家庭正确的打开方式。作为小宝宝原生家庭的缔造者，每一个年轻的父母都应该保持自我的觉醒，从为人父母的角度去反思自己的原生家庭带给自己的种种。

我的父母如何面对各种突发状况？那样做的好处和坏处分别是什么？我和他们一样的地方在哪里，不一样的地方又是什么？为什么会出现不一致的地方？我还能从哪些地方获得支持？

我父母如何评价彼此？如果我是母亲，我会如何看待父亲的优缺点？如果我是父亲，我又该如何与我的母亲相处？我作为父亲／母亲，在我的家庭中应该承担哪些责任和义务，应该塑造怎样的形象？

我在父母面前扮演什么角色？我习惯自己做决定还是执行父母的命令？这对我的婚姻生活有什么影响？与配偶之间，我们是如何相处的？这与父母相处的异同在哪里？

我的家人是悲观失望还是乐观积极的？哪些道理是我的家人一致认同的真理？我的配偶是否也认同这些道理？

我为什么喜欢／讨厌父母的某些行为？那些行为曾经对我有哪些积极／消极的影响？在当时的情境中我的感受是怎样的？现在的我如何看待当时自己的感受？

我的父母是否允许我有负面的情绪？当我情绪不好的时候，一般通过什么样的方式排解？那些方式我的配偶是否能接受，是否会对其他人造成困扰或者不愉快？

考虑清楚了以上问题，作为小宝宝原生家庭的缔造者，我们才能放下包袱前行，培养带有家庭烙印的习惯、开展具有家庭特色的活动、传承符合家庭观念的礼仪，让家成为每一个人心灵的养分而非毒药。

温馨贴士

每一个成人都有重新抉择的能力，那个由我们自己所追求的人生目标与价值所定义的自我，才是最重要的、完全属于自己的自我。去积极探究成长过程中的种种经历，去芜存菁才是原生家庭正确的打开方式。作为小宝贝原生家庭的缔造者，每一个年轻的父母都应该保持自我的觉醒，从为人父母的角度去反思自己的原生家庭带给自己的种种，让家成为每一个人心灵的养分而非毒药。

家庭习惯的烙印

每个家庭成员，都带有自己家庭的烙印。喜欢晚睡的父母，一定不会早早哄孩子睡觉；喜欢吃面的父母，也很少主动为孩子做米饭；喜欢大声说话的父母，很难在孩子面前轻声细语。除非，父母对自己的习惯时刻进行反省，为了某些让自己信服的理由做出改变。

对于刚出生到五六个月的小宝宝，他们的饮食、睡眠习惯与成年人有非常大的区别。一般情况下，人们对待新生儿的特殊感情会让小家伙有种宇宙中心的感觉，成年人的饮食和睡眠习惯对小婴儿来说影响还不是太大；但是，母乳妈妈健康的饮食习惯对小婴儿的身体健康是有很大的促进作用的。

6个月以后的婴儿会受到家庭越来越多的影响。表现在饮食方面，主要是辅食的添加。家人如何看待辅食的作用？是为了获取营养，还是锻炼进食的技能，还是两种功能兼备？什么样的饮食结构是家人所接受的？家庭成员经常一起进餐还是各吃各的？吃饭的时候会聊天还是看电视？类似这些问题的答案，都会影响到小宝宝最初的饮食偏好和进食习惯。如果想让小宝宝专心吃饭，那吃饭的时间一定要固定在某个时间段并且没有额外的干扰；如果想让小宝宝营养均衡，那准备每一餐的人要懂得科学合理的营养搭配并且让孩子不至于挑食；如果想让小宝宝学会优雅地进食，那陪伴他的人一定要先学会对食物保持兴趣并且优雅地吃饭。在睡眠方面的影响，主要是指良好的作息习惯的养成。6个月后的宝宝一般白天会睡两次，天黑的时候几乎都是在睡眠中度过的，如果父母能够帮助宝宝养成良好的作息习惯，那么成年人将会比较轻松，也有助于宝宝的身体发育。只是很多父母没有按时睡觉起床的习惯，困了就睡，睡醒才起，从来不考虑生物钟的影响，对宝宝也是比较放任自由，纵容宝宝日夜颠倒和不规律的睡眠。父母正确的做法应该是在固定的时间养成宝宝固定的睡眠习惯，这样做一方面可以帮助宝宝获得内心的安全感，另一方面能够减轻成年人的负担，免得让所有人的生活因为宝宝随机的生活方式而变得一团糟。

1岁以内的宝宝几乎不能用语言表达自己，但他却像一个接收器一样存贮着大量的信息。聪明的宝宝很早就能从家人说话的音高、语调、语速、表情等方面判断家人的喜怒哀乐。我们对宝宝说话的时候都会潜意识地变成“妈妈腔”，喜欢轻声细语、语速放慢、使用叠词等；但是，成年人之间的对话交流模式一般很难改变，而这却在不知不觉间被宝宝看在眼里、记在心里。日后宝宝很多的语言习惯和与人交流的习惯，都会不自觉地带有家庭的印记。所以，为了让宝宝养成良好的语言习惯，不仅是对待宝宝，家人之间交流时也需要有所注意，应尽量避免使用你不希望宝宝习得的词语和语气，学会充满爱意地与每一个家庭成员进行交流。

家庭时光的意义

家庭共同的活动，就像黏合剂一样增进家庭成员之间的相互了解，也让家人找到归属感。0岁的小婴儿能参加的集体活动有限，而且小婴儿注意力的特点让他们很难参加真正意义上的集体活动。即便这样，家庭时光对小宝宝来说也是非常有必要的，就像特定的夫妻二人世界一样，父母和宝宝也需要固定的家庭时光，让宝宝在与父母的互动和相处中获得对自己家庭的初步认同。适合0岁的宝宝和父母共同进行的活动主要以感官感受活动为主，它在帮助宝宝发展感知觉的同时也能培养宝宝对美的事物的感受。

软装的艺术——视觉体验与美感

软装饰是相对于建筑本身的硬结构空间提出来的，是建筑视觉空间的延伸和发展。除了室内装潢中固定的、不能移动的装饰物，如地板、顶棚、墙面以及门窗等之外，其他可以移动的、易于更换的饰物，如窗帘、沙发、靠垫、壁挂、地毯、床上用品、灯具以及装饰工艺品、居室植物等都可以成为软装，这是对居室的二度陈设与布置。软装体现了一个家庭的审美意识与审美能力，以及精神丰富程度，是对家庭的修养、兴趣、爱好、审美、阅历，甚至情感世界的诠释。

> Tips
>
> 作为父母，一定要意识到家庭的软装对婴儿的审美和生活习惯具有潜移默化的影响。

在中国，很少有人为0岁的宝宝设置独立的婴儿房，一般情况下，宝宝卧室与父母共用，客厅就是游乐场所。同时，小宝宝的各种生活用品和玩具会让房间显得非常拥挤，整个家庭的软装环境在婴儿出生的头一年一定会有巨大的变化。作为父母，一定要意识到家庭的软装对小家伙的审美和生活习惯具有潜移默化的影响。

居家用品最好选用天然制品，它们摸上去比较柔软舒适，不会刺激宝宝的皮肤；颜色的搭配最好不要过于对比强烈或者杂乱，像个调色板一样的家很容易让人产生审美疲劳。婴儿用品首选天然材质，从而让宝宝在一开始就能接触到大自然的馈赠，而不是沉浸在各种人造制品的世界里忘记自然原本的模样。婴儿床上方和四周靠近上部的地方可以悬挂和张贴一些家人的照片、人物画像等，它们可以吸引宝宝的注意力、锻炼宝宝的观察能力，但照片不宜过小或者过于密集，最好可以定期更换。宝宝经常嬉戏玩耍的地方可以放置一些色调统一的卡通软垫，并在安全的地方放上绿植和鲜花。宝宝的玩具和衣物如果单独使用收纳箱而不是放在柜子里，收纳箱的颜色、材质最好符合家庭整体的风格，比如，中式装修的家庭可以考虑选用藤条编制的收纳筐。

最重要的是，在增加了新的家庭成员后，重新添置大件物品一定要有所规划，不然家里会像仓库一样让人行动不便，特别是宝宝会爬以后，这样的布置会增加很多安全隐患。父母可以定期清理长久不用的杂物以及多余的物品，整理出可以重复利用的物品清洗干净后送给需要的人，让宝宝在简洁而富有生活气息的家中享受快乐的家庭时光吧。

聆听的艺术——听觉体验与美感

在第一部分我们已经介绍过，0 岁宝宝的听觉在出生之前就已经开始发展，父母可以通过胎教音乐、阅读等方式促进宝宝的听力发育。出生以后小婴儿的听觉水平发展很快，他们在 1 岁之前就已经能对不同的音调做出区分，并表现出对音乐风格的偏爱和对声音中情绪的敏感。因此，对于 1 岁以前的宝宝而言，欣赏音乐也是非常不错的亲子活动选择。

音乐类型有很多，每一种类型的歌曲都表现出相对稳定、内在和深刻的关于时代、民族或音乐家个人的思想观念、审美理想、精神气质等特性。音乐类型既是音乐家对音乐独特而鲜明的表现的结果，也是音乐欣赏者对音乐进行正确的欣赏、体会、品味的结果。比如爵士乐（Jazz）丰富的节奏感和自由的风格适合与宝宝一起晒太阳的时候听；新世界音乐（New Age）宁静、安逸的纯音乐作品一般由传统的乐器演奏，它营造出的大自然般平静的气氛或宇宙浩瀚的感觉，能使人心平气和，非常适合哄睡的时候听；古典音乐（Classical Music）比较典雅、高贵，可以培养宝宝对音乐的兴趣等。

挑选出适合 0 岁宝宝聆听且体现出家庭其他成员喜好的类型音乐需要一段时间的尝试。一般而言，除非对音乐有特殊的偏好，否则父母们很少会煞费苦心地去选择音乐类型——随便打开一个音乐App，就会有各种流行的推荐曲目，诸如老年人偏爱的草原风格或者广场舞风格的音乐、年轻人喜欢听流行歌曲或者某个特定流行歌手的音乐……为宝宝选择的音乐多数是大家熟悉的儿歌，例如那些传唱率比较高的经典曲目。如果你不仅希望宝宝以后会唱《小苹果》或《最炫民族风》，还想从音乐欣赏的角度培养宝宝对音乐的美感，那么你就需要花费一些心思寻找一些著名的、可以称为艺术和经典的曲子来提升家庭的整体音乐素养。

亲子共读——体会阅读的乐趣

阅读，不管从什么时候开始都不算早也不算晚，即使宝宝还不会说话也很难理解阅读的内容。以绘本为例，绘本从来就不是以语言与文字为主的表达工具，结合韵律、图画、色彩等，父母完全可以为1岁之前的宝贝挑选心仪而合适的绘本进行阅读，即使宝宝长大后不记得绘本的内容，他也一定会记得与父母在一起闻着墨香、摸索纸张的感觉。

每个宝宝的喜好不同，父母需要在亲子共读的过程中注意观察，找出宝宝感兴趣的书予以重复阅读，让宝宝感受到读书的乐趣。宝宝对自己喜欢的书往往爱不释手，不断地重复符合小宝宝的认知特点，他们并不会对此感到厌倦。

除了宝宝的喜好，读书的时间和环境也很重要，最好是在宝宝吃饱睡足的时候，选择光线好的角落，关掉其他可以发声的设备，以免分散宝宝对书本的注意力。父母可以用夸张的声音、表情和动作刺激宝宝，并且随时观察宝宝的反应，每次阅读的时间不宜过长，对于1岁以内的宝宝，5～10分钟足矣。白天忙于工作的父母也可以用睡前阅读作为宝贝的"睡前仪式"，选择温馨的故事，用轻柔的声音为宝宝催眠，他一定会感受到你满满的爱意，并且体谅你白天不能陪伴的无奈。

对于1岁以内的宝宝，选择阅读材料时需要注意以下几个方面：

符合宝宝的视力发展水平。1岁以内的宝宝，对图形、色彩和绘画风格的视觉认知还有待发展，尽量选择构图简单、背景单纯、形象突出、轮廓清楚、线条干净的阅读材料，能吸引宝宝的视觉注意。

符合宝宝的语言发展水平。1岁以内的宝宝，还没有发展出真正的语言，节奏感和韵律感比较强的声音，会让他们产生模仿的欲望，朗读者可以不断地重复，让他们找到熟悉的感觉。

符合宝宝的思维发展水平。1岁以内的宝宝，对世界的认知和理解才刚刚开始，而他们接触的基本就是以自己的生活习惯为主的世界，情节简单、篇幅较短、内容符合其日常生活的故事比较适合他们。

不会造成安全隐患。为1岁以内的宝宝挑选阅读材料，阅读材料的大小、材质、是否含有容易取下的小配件、边角是否圆滑等都需要考虑。

自由游戏的力量

萱萱坐在地板上，研究妈妈的大耳机，小指头戳戳耳机的不同位置，舔一舔，翻来覆去看一看。晨晨爬过去拉了一下耳机上的线，一个塑料袋从桌子上掉下去，萱萱把耳机扔到地板上，拿起袋子玩了起来。晨晨拿起耳机摔到地板上，一次又一次，听到耳机撞击地板发出咚咚咚的声音，她突然笑了。

游戏是每一个婴儿的主要活动项目之一，是与婴儿的成长和学习同等重要的，可以说，婴儿是通过游戏发展其认知能力和社会适应能力的。小婴儿游戏的方式与大儿童和成年人都不同，只有理解了婴儿本身的认知特点和兴趣所在，我们才能用欣赏的眼光看待他们的游戏过程。家庭给予婴幼儿最好的游戏体验就是给予他们自由。

自由游戏是在无持续的成人控制或期待结果的情况下，儿童选择追求他们自己特定兴趣的游戏，成人只需要监管安全而不是指导儿童。对于1岁之前的宝宝，成人需要做的就是为他们创造安全舒适的游戏环境，然后让他们用自己的感官进行探索。或许宝宝并不能用所谓正确的方法使用那些游戏材料，但是他们独特的游戏方式一定会让他们发现每一种材料的特性，他们的某些发现可能是具有思维定式的成人所忽略的。

游戏中的安全是首要的因素，安全是进行探索活动的前提，这要求家庭创设有益于孩子健康的游戏环境，保证儿童远离危险，其次就是成年人要仔细地监督环境中发生的一切。婴儿所处的年龄阶段的特点和婴儿本身的发展水平，对婴儿感兴趣的游戏类型有着决定性的作用。天气状况比较好的时候，户外游戏也是不错的选择。户外新鲜的空气和自然的环境，是室内游戏无法提供的，对不光滑、坚硬的自然质地的体验，有助于小家伙感知觉的发展，也为他们未来的环保意识埋下伏笔，毕竟，我们更愿意去珍惜带给我们最初记忆的东西。

婴幼儿在游戏中的冲突对于1岁以内的宝宝不是很常见，他们没有强烈的物权意识，又很容易被新鲜事物转移注意力。但家人需要注意游戏过程中的误伤，两个摇摇晃晃的小家伙坐或站还非常不稳定，又不知道轻重，把对方当作游戏材料探索一番的事情时有发生，一不小心就会发生挤压、抓挠和拍打事件，让小朋友们不欢而散。

父母随笔

第四部分

走进 0 岁孩子的世界

“小布谷，愿你慢慢长大。

愿你有好运气，如果没有，愿你在不幸中学会慈悲。

愿你被很多人爱，如果没有，愿你在寂寞中学会宽容。

愿你一生一世每天都可以睡到自然醒。”

刘瑜写给女儿的这些话，道出了每一个父母对于孩子进入社会的担忧和期许。从出生开始，每个人就要学习与陌生人、陌生的环境相处，社会的范围随着岁月的沉淀慢慢扩展开来。

第1章

0岁宝宝的社会是什么

一个胚胎形成的时候，一个灵魂已经来到了这个社会。社会中的每一个灵魂，都在用毕生的精力去追求自我的价值和更多人的认可。

我是撬动社会的杠杆

电影“*Room*”（中文名《房间》）中的小男孩杰克出生于一个被囚禁的房间，他从出生到5岁从未离开过那里，那个小小的房间就是他的整个世界。他相信在这四堵墙和小小的天窗之外，没有任何真实的空间，外面送来的食物、玩具卡车，都是如电视里的东西一样变出来的魔法。把小房间作为整个世界，杰克并没有感到厌恶和恐惧，那里的一切都那么地熟悉和理所当然，他每天和桌子、椅子、电视、衣柜道早安，还有妈妈总在他视线范围内。直到有一天，他和妈妈获救，那之后，他还一度怀念那个永远有妈妈的世界。

这是一个由真实的事件改编的悲伤的故事，小男孩杰克有现实中的原型，虽然是影片，但仍具有现实中的影子。杰克在5岁之前对自己的世界从未产生过怀疑，甚至非常享受和满足——因为有爱他的妈妈时刻陪伴在他身边，他一直以为整个世界就是那样。没错，对于婴幼儿来说，他的社会就是他所能接触的那一亩三分地，1岁以内的孩子更是如此。看得到的便存在，他的需求是控制世界的法宝，他所遇到的每一个人、每一棵树、每一片云、每一件物品都属于他。换句话说，1岁之前的宝宝的社会就是他生活的那一片小天地，以及他与人、他与物、物与物之间的关系。

小宝宝社会发展的内在动力就是他的各种需求和好奇心，扩展社会范围的工具是他们不断发展中的感知觉、运动能力和思维能力，而其社会发展的外部动力是来自家庭的陪伴和援助。适当的外部动力，对宝宝社会的发展有着非比寻常的促进作用。比如，一个经常有人陪他聊天、有人带他出去散步晒太阳的宝宝，其社会半径要大于总是在安静的家中自娱自乐的宝宝。父母、家庭作为孩子步入社会的指路人——特别是对于没有自知的1岁以内的宝宝——带给孩子的关于社会的认知便是孩子眼中社会的全部。不管从物理形态还是精神形态来讲，这个社会不能过于宽广而挤压了宝宝的内在成长，也不能过于狭小让宝宝很快失去了对世界的好奇。

与生俱来的社会性

社会性是人存在于社会的过程中所获得的一切特性，它的发展贯穿于人的一生。婴儿从出生起就开始由“自然人”向“社会人”转化，在这个过程中，婴儿天生就有一种友善地寻求与他人在一起的倾向，通过不断地与他人、环境进行互动，婴儿逐渐学会与人交往，了解社会规范，学习社会技能，养成良好的生活习惯，为以后成为符合社会需要的人做好充分的准备。

社会行为是社会性的外在表现，是指个体在人际交往中所表现出来的对人、对事、对物的一系列态度和行为反应，它包含认知、情绪、动作等心理因素，与周围的环境也有着密切的关系。社会行为有亲子依恋、同伴交往、亲社会行为三个方面。亲子依恋和同伴交往分别描述了婴儿与不同对象交往的社会行为，是婴儿社会化发展的重要内容。亲社会行为描述了婴儿社会行为中的积极方面，是个体社会化发展的一个重要指标。虽然在第一部分有所涉及，这里还是整理了华东师范大学周念丽教授对 0 ～ 1 岁婴儿社会行为的特征的总结，供大家参考。

表8： 0～1岁婴儿社会行为特征简表

月龄	社会行为发展特征
0～3月	○难以区分自我和他人；基于生理需求，关注自身本体感觉以及情绪体验 ○泛化的前依恋行为阶段：对所有人的反应都一样；对人的注意高于对物品的注意；与人的沟通是情绪性沟通
4～6月	○自我知觉形成，主动性和自我意识增强；对人有了喜好，区别对待熟悉的成人与陌生人，同伴意识萌发 ○有了明确的依恋对象
7～9月	○主动对同伴表示友好，与特定对象建立起真正的依恋关系；交往手段增多，互动更为密切，能够听懂简单的指令
10～12月	○明确的依恋，情绪会随着依恋对象而变化。主动与成人交流，喜欢互动游戏；有了以物体为中心的简单同伴交往，并出现泛化的社会模仿行为

可以看出，社会性是婴儿一出生就具有的一种特性，经过与人、环境的互动逐渐表现出来。就像一颗埋在土壤中的种子，需要经常浇水、施肥、捉虫、修剪枝丫，才能茁壮成长。对0岁孩子社会性的重视，会为其将来的发展奠定良好的基础；但是，切不可揠苗助长甚至怀有不合理的期待，就像你为一粒苹果树的种子精心付出，永远不可能收获梨一样。

宝宝是唯一的考官

看到这里，很多人会感到有些纠结，婴儿社会性的发展看上去如此不贴近生活，不能像冲泡奶粉一样有固定的比例，父母该如何去把握所谓的度呢。其实，这个问题在第二部分、第三部分我们反复强调过，这里将父母能做的事重新列出供大家回顾。

◎宝宝的发展是考核对象，而宝宝是唯一的考官；

◎让新生儿与固定照料者建立安全稳定的依恋关系；

◎及时满足需求，再多的宠爱都不为过。

做到以上三点，剩下的就是家庭习惯的力量和家庭时光的质量在起重要的作用了。相信每一个家庭、每一对父母都能发挥聪明才智，结合自己的社会生活为宝宝铺设一条具有独特风景的路。

父母随笔

第 2 章

活成自己喜欢的样子

未来不是用来判断的，未来只能用来打造。没人知道未来会怎样，这世上也并不是付出了就一定能收获梦想，但只要努力一天，你的人生就会好过昨天，即便最终并没有预想得那么好，也好过什么都没开始做的混沌时光。

像妈妈一样受人欢迎

明明刚刚学会爬，每天喜欢到处爬一爬，巡视一下自己的一亩三分地，有时候爬得太快会撞到柜子，或者因为手脚不协调而整个身体与地面来个亲密接触。每次他为此大哭的时候，奶奶总是拍打柜子或者地面，边打边说："讨厌，让你把宝宝撞疼了。"没过多久，明明学会了这一招，每次磕了碰了都要拍打一番，只是，他从来不在妈妈面前这样做。因为，明明第一次在妈妈面前摔倒时，妈妈没有拍打地面而是帮他吹了吹摔疼的地方，并告诉他如何才不会摔倒。

这样的场景，对每一个有孩子的家庭来说都不陌生，因为大部分父母都是在这样的情景中长大成人的。将孩子的过错归罪于柜子和地面，好像这样，摔疼的地方就不再痛了一样。这样做的确是个转移注意力的好办法，只是对宝宝的社会性发展来说并不是一个好主意。如果宝宝总把自己所受的伤害归咎于外界，而且，每一次感觉到疼痛后都强行转移注意力，而不关注本身的感觉，就会让宝宝觉得自己的感受并不是那么重要，只要为它找到一个责任的承担者就可以了。如果我们用这样的逻辑处理成年社会发生的事情，因为自己的行为对自己造成了伤害，没有人关注伤者本人到底痛不痛，而是急切地去找替罪羊，甚至伤者本人也是这样，放着血淋淋的伤口不管，非要报复不相干的人，这是否会让人觉得匪夷所思呢?

或许有人会说，不让小家伙哭就可以了，这么点儿事情哪有你说的那么严重呢?或许这样的例子有些极端，让人觉得不舒服。回归到社会性的本质，每一个人从出生开始，在不断与人、与社会相处的过程中习得了与社会相处的规则，父母和家庭带给我们怎样的世界，我们的社会将来就是怎样的。就像被囚禁的小杰克一样，他眼前的世界只有一间房子那么大，但他意识中的社会是妈妈用爱和希望为他建造的浩瀚的宇宙，对妈妈的信任和爱让他在进入真实的世界后经过短暂的混乱期最终找到自己与社会联结的秘密，甚至比他的妈妈更容易融入那个从未接触过的社会。

像爸爸一样成为社交达人

多多大部分时间都由妈妈照顾，虽然妈妈也有一份非常让人羡慕的工作，但自从多多出生后，妈妈就把重心放在了多多身上。多多爸爸偶尔会帮助照顾多多，只是显得笨手笨脚。在家里多多不喜欢爸爸抱，也不愿意让爸爸哄睡，但是多多很喜欢爸爸带她出去，爸爸总能发现院子里有趣的东西，也会偷偷带她去冒险，这让多多感觉很刺激。

在“男主外，女主内”的传统观念的影响下，母亲常常会花更多的时间和精力在家庭和孩子身上，而父亲大部分时间处于“家庭经济支柱”的地位。尤其是孩子刚出生的时候，突然增加的各项开支和暂时无法工作的母亲更强化了父亲“养家糊口”的角色功能。然而，相比于“经济支柱”的角色，父亲在婴幼儿的成长过程中还应该扮演好“保护者”“规则约束者”“情感表达对象”“玩伴”等角色。

随着人们对婴幼儿社会性发展的关注程度的提高，父亲在家庭中的角色也受到前所未有的重视，总结近年来的研究成果，父亲角色对婴幼儿的积极影响主要有：

◎父亲的保护、参与时间与婴幼儿安全型依恋的形成密切相关；

◎与父亲居住在一起的婴幼儿，其社会适应性更好，问题行为会更少；

◎经常与父亲进行打闹游戏的幼儿表现出更少的攻击行为；

◎与父亲相处时间多的婴幼儿更乐于探索，与同伴的交往中更加受欢迎和喜爱，更容易融入陌生环境中；

◎经常与父亲玩耍的幼儿更多地表现出勇敢、自信、意志坚强等良好的人格品质。

Tips

妈妈们，0岁孩子在你们的温柔之爱里获得信任和希望；爸爸们，你们的关注与陪伴，会让宝宝对家庭以外的社会更加向往。

弗洛姆在《爱的艺术》中说："母亲是我们的家，我们来自那里；母亲是大地，是土地，是海洋，但父亲却没有这些特征……虽然父亲不代表自然界，却代表着人类存在的另一极，那就是思想的世界，科学技术的世界，法律和秩序的世界，风纪的世界，阅历和冒险的世界。父亲是孩子的导师之一，他指给孩子通向世界之路。"

对于0岁的孩子，爸爸的照顾可能不会像妈妈那样无微不至，但是，与爸爸在一起的时候总会看到宝宝惊讶的表情，听到宝宝爽朗的笑声，这是与妈妈在一起时完全不同的一种体验。爸爸的关注与陪伴，让小家伙对家庭以外的社会更加向往。

第3章

打开通往社会的那扇门

父母、家庭是孩子通往社会的第一道门，你愿意打开通往善良之门还是通往邪恶之门，你的宝贝就跟随着指引到达他们能够到达的地方。

宝宝出行并不难

晨曦8个月，妈妈要去外地参加一场非常重要的考试，因为比较突然，妈妈没有做好与宝宝分离的准备，于是就带着宝宝和两位老人一同前往。在整个旅途中宝宝并没有什么不适，妈妈的考试也很顺利，只是亲戚、朋友和同事得知这件事后，一致认为“劳民伤财”并不值得，晨曦妈妈不够懂事。

在国外，带1岁以内的宝宝离开舒适安全的家并不是一件大不了的事情，我们经常可以看到妈妈独自带着大小不一的几个孩子在购物、散步、旅游，甚至有的妈妈会带着还未满月的宝宝参加家庭聚会等。但是在中国，小宝宝的出行绝对是件大事，少则父母同时出动，多则祖父母三四人一起出动。在医院、公园等小宝宝经常出现的地方，总能看到一大群人围着一个宝宝转，拿衣服的、拿奶瓶的、换尿布的、哄宝宝的，各个分工明确。宝宝出去一次，全家人都觉得精疲力尽，仿佛出门是一件多么重要的事情，或者会对宝宝造成特别的伤害而需要格外的保护。

归根结底，这是成年人对自己和他人的不信任，让宝宝出行变成一场兴师动众的活动。害怕出门后遇到各种不熟悉的状况，需要帮助的时候得不到应有的帮助，担心宝宝不能适应陌生的环境，恐惧宝宝的人身安全等等。诚然，防范这些问题的确是父母需要提前做好的功课，只是，不论是因为担心而放弃与宝宝同行，还是为了照顾宝宝而放弃和家人同行的机会，都是挺遗憾的事情。

做好出行前的准备

孩子满月以后，大人们会迫不及待地把宝宝带出门，越小的宝宝，家人越是觉得就带娃在家附近溜达溜达就好，比如小区花园、家附近的公园等。其实对于6个月之前的宝宝来讲自驾郊游根本不是什么问题，反而6个月以后开始添加辅食，出行将会麻烦很多。

没有添加辅食的孩子几乎不会给大人的出行带来什么负担。婴儿还有着母体中以及母乳带来的免疫力，在旅途中不像我们担心的那么容易生病或被细菌感染。我们常常比较担忧的“水土不服”对母乳宝宝完全没有影响，奶粉宝宝因为各地域的水质不同，的确有肠胃不适应的可能性。半岁以前的小宝宝可以在旅途中随时吃、睡、玩，不需要大人专门设计游玩路线，亲子旅行的意义在于父母自身的需求，大人们完全可以依照自己的意愿来决定。

宝宝渐渐开始添加辅食以及能够坐、立、爬、行后不太适宜长时间的旅行，因为他们对空间开始有所需求，不愿意长时间束缚在一个固定的地方。并且因为添加了辅食，以及由母体带来的抗体正在逐渐消失，他们变得比较容易生病。这个时期更适合在家附近的公园草地上铺上垫子，让宝宝用小手抚摸柔软或带点儿刺感的青草，在阳光下肆意爬行。如果父母有旅游的想法，乘坐短途的飞机可以到达的沙滩、洁净细腻的海岛是最好的选择。居住的酒店也需要精挑细选，酒店的卫生与服务都是需要格外重视的，比如是否提供奶瓶消毒用具、婴儿澡盆、带围栏的婴儿床等。

确定好了目的地，同行的人要取决于目的地的远近以及出行的目的。宝宝出行必备的物品也要因宝宝月龄大小、宝宝的兴趣爱好以及距离长短而调整，下面是一些建议：

准备好奶瓶、纸尿裤、调节婴儿肠胃的药品、小毯子、婴儿专用洗浴用品、婴儿防晒霜、湿纸巾、婴儿碗勺、婴幼儿米粉、磨牙饼干、牙胶。

提篮或推车：3个月以内的宝宝，适合自驾或火车出行，一个提篮可以保证宝宝安全舒适的睡眠，而旅途飞行时则可以向航空公司预先申请有婴儿睡篮的座位。6个月以内的宝宝需要乘坐能够平躺的推车，它可以让宝宝随时在大人们游玩的过程中安稳睡觉。6个月以上的宝宝更喜欢能身体直坐的推车，坐在推车上看风景会让他们觉得新鲜有趣。

背带或背架：3个月以上的宝宝可以利用挂在胸前的背带，让宝宝随时趴在妈妈胸前，不管喂奶还是睡觉都十分方便，这也使他们无论变换多少地方都会有充分的安全感。对于半岁以后的宝宝，有支撑的背架会比背带更受欢迎，因为这令他们和成人拥有同样的高度与宽度的视野。

创造积极的出行体验

亲子出行往往是一件非常愉悦的事情，好奇的小家伙喜欢看到不一样的世界，他也天生具有一种吸引别人目光的能力。有时候，因为小家伙的出现，随行的成年人都觉得温暖而谦和，陌生人也愿意主动提供更多的帮助。虽然目前的公共设施对于很多带宝宝的家庭不是那么便利，但是我们也看到了很多的改变，比如新建的火车站、机场都会设立特殊旅客通道、母婴室、母婴卫生间、无障碍直梯等。在没有无障碍设施的时候，只要你有需要，总有热心的人愿意提供帮助。当然，由于拐骗甚至抢婴幼儿事件的频发，作为家长也不得不多加防范。

在室外，宝宝可能由于突发情况或者不适应而哭闹不止，如果是在空旷的公园，没有人会特别介意，尽快处理好突发情况并且安抚小宝宝就好，明媚的阳光和鸟语花香的大自然也会很快吸引宝宝的注意力。在交通工具上，比如火车、飞机等有时则会比较尴尬，很多父母会因为觉得不好意思而更加慌乱，也有一些陌生人的指指点点会让父母觉得自己是很糟糕的父母。然而，有心的父母会提前让周围的陌生人做好心理准备，这样，当宝宝哭闹的时候，周围的人也会大度很多。比如，一对年轻的父母要带 3 个月的宝宝搭乘飞机，他们事先准备好了礼物——一对耳塞，几块糖果，一张写着“您好，很高兴和您一起旅行，在旅途中我的哭闹可能会打扰到您，非常抱歉，感谢您的理解！”的小卡片。他们将装在精美小盒子里的礼物分发给身边的乘客，周围的乘客在感动于这样暖心的举动之余也做好了可能会有小宝宝哭闹的心理准备。不得不佩服这对父母，他们用自己的智慧和同理心为宝宝创造了一个更加包容和温暖的世界，旅行的意义原本也在于此——除了认识这个社会，还在不断地塑造着这个社会。要相信，孩子不是你的束缚与障碍，他们给你带来的欢乐与爱永远多于麻烦。

没有人是一座孤岛

西西终于学会了爬行，她乐此不疲地开拓着自己的疆土。在小区的院子里，西西又想自由自在地爬，妈妈看红色的地砖被保洁阿姨冲洗得十分干净，就放任西西自己探索。路过的一位妈妈看到了，立刻尖叫起来："多脏啊，让孩子在地上爬！"正在妈妈怀里张望的小朋友也想和西西一样在地上爬一爬，结果立刻被她的妈妈抱走，那位妈妈边走边说："地上不能爬，地上有细菌，宝宝乖，和妈妈去看喷泉，小姐姐不讲卫生！"边走边斜着眼睛瞟了西西妈妈一眼，满脸的嫌弃。

西西妈妈总是那个被嫌弃、被说教的"不负责任的妈妈"，西西穿得太少、西西在抓树叶、西西用手指扒拉着花园里的土还尝了一下等。西西妈妈每次聊起这些都会自顾自地笑起来：在院子里爬来爬去的西西一次都没摔倒，也没有撞上任何障碍物，有一次一只小狗还和西西一起散步了，而西西抓来的树叶被做成了装饰画挂在西西床头是那么美，西西吃土的表情好滑稽。西西妈妈总能从别人的不屑中看到西西一次又一次被满足的好奇心。西西妈妈有时候也很矛盾，小区里带孩子的人都躲着西西，生怕西西突发奇想的好奇心带坏了自家的宝贝。

带着孩子出门，差不多年龄段的小朋友都会自觉地聚在一起，1岁以下孩子聚集的地方，总能听到有人分享自己育儿的心得，带着骄傲与自豪，仿佛怀中的小宝贝是自己最满意的杰作，正在向着自己预期的方向发展。分享完了，还不忘对别人家的孩子“把脉开药方”，说的人自然充满自信，而听的人要么连连点头如获至宝，要么嗯啊应付依旧我行我素，要么笑而不语借机逃走。慢慢地，一大群人分成几个小团体，互相“鄙夷”别的圈子的育儿理念，回到家，还是该干嘛干嘛。

带着孩子走出家门，就不可避免地要接受陌生人的审视，每个人心中都有好妈妈、好爸爸和好宝宝的标准，想要找到标准完全一致的人，真是如大海捞针。当别人对你的育儿理念有所质疑的时候，你该怎么办呢？

立刻按照别人的意愿改变，宝宝会觉得我明明在做同样的事，爸爸妈妈为什么一会儿一种态度？

嗯哈应付依旧我行我素，遇上好事儿的人一定会跟着你喋喋不休，甚至搬出“为了你好”的道德圣经，让你觉得自己简直不知好歹。

笑而不语借机逃走，自己和宝贝的确清净又自由，但毕竟显得不礼貌。再有，总不能一直躲着吧。

看看西西妈妈怎么做：每次遇到好事儿的人，西西妈妈都默默用“她都是为我好”来安慰自己，然后很坦然地看着对方，微笑着说：“你说得没错，不过，西西挺高兴的就随她去吧，弄脏了回去洗洗就好啦！”刚刚还理直气壮的人一看小家伙的确挺开心，也就不再多说什么，转身逗西西玩去了。这的确是个聪明的办法，每个人不同的育儿理念，都有其最终的目的，如果都是从宝宝的角度出发，每个人都能看到宝宝的快乐与收获，很多不能接受的事情就会变得其乐无穷，孩子的笑脸能融化每一个人的心。当你的育儿理念与别人的观点发生冲突的时候，想一想：你为什么认同这个理念？这样做对你和孩子分别有什么好处？有什么不好的影响？别人提供的办法是否对孩子有益？还有没有更好的双赢的办法？当你对这些问题都有明确答案的时候，该怎么做，你的心里一定豁然开朗。

天下父母的担当

每天晒太阳的时候，童童很喜欢围观小哥哥小姐姐做游戏，可是小哥哥小姐姐都嫌童童太小不带她。有一次童童把不认识的小哥哥小姐姐刚放好的积木弄倒了，一个小哥哥推了童童，妈妈赶紧把童童抱走，童童再也不敢去凑热闹了。不一会儿，一个和童童一般大的小男孩也受到同样的待遇，小男孩的妈妈并没有不开心地抱着他离开，而是和大孩子们聊起来，协助他们重新做了积木坦克。不一会儿，大孩子们带着小男孩一起愉快地玩起来。

当遇到这样的情形时，你想做童童妈妈还是小男孩的妈妈呢？我们的本意是帮助孩子融入社会，可是我们对自己和对孩子的保护形成了一种看不见的屏障，阻碍着孩子向前发展。很多时候，我们会像童童妈妈一样，选择带孩子离开困难的现场，而不是像小男孩的妈妈一样，做给孩子看如何有效地化解社交中遇到的障碍。那我们，又有什么资格要求逐渐长大的孩子勇敢地去面对遇到的挫折呢？

离开家的庇护后，我们总是习惯于替宝宝做选择，也羞于对其他孩子的不当行为进行正面管教，我们一心希望带着宝宝一起退回到心理的安全地带。这样做，并没有什么错，只是，如果我们希望给孩子一个更加美好的社会，仅仅是管好自己的孩子还不够，我们还需要做一些能让社会变好的事情，就像扎克伯格给女儿的信中说的一样：

“和天下所有的父母一样，我们希望你成长的世界，好过我们今天的世界。虽然新闻总是报道哪里出了问题，但从很多方面看，世界正在往好的方向发展。卫生水平在改善、贫困人口在减少、知识在积累、人与人彼此联通，各领域的技术进步意味着你的生活会大大好于我们今天的生活。我们会尽自己的职责让这一切发生，这不光是因为我们爱你，也是因为我们对所有下一代的孩子负有道义上的责任。我们爱你，并且把为你和所有孩子留下一个更好的世界当成一个重任。”

Tips

我们希望给孩子一个更加美好的社会，我们同时想做一些能让社会变好的事情；我们爱自己的孩子，同时把为所有孩子留下一个更好的世界当成我们的重任。

父母随笔

附录一

0～1岁孩子各领域发展及成人指导简表

这份简表展示了0～1岁的孩子在各领域的发展概要。请谨记，不同儿童的发展速度存在很大差异。这些发展情况以及成人指导也许并不适合于个体儿童和家长，但作为整体，这份简表反映了某一年龄段孩子发展的顺序。

水平1：

年龄水平	发展的领域	成人指导
出生后至3月龄	生理 ● 婴儿的主要任务是控制头部 ● 能短暂地抬头 ● 转头以方便用鼻子呼吸 ● 大部分的四肢活动是反射活动，不受意识控制 ● 无法控制手的活动，手通常呈握紧状态	● 敏感地观察婴儿并确定其需求 ● 必要时提供一种安全感（用毛毯包裹婴儿，并放在小的安静的空间中） ● 有时也让婴儿体验宽敞开放的空间，如地板

（续）

年龄水平	发展的领域	成人指导
出生后至3月龄	● 作为反射性的动作，会抓住放入手中的任何东西 ● 盯着物品看，尤其是人的面孔；开始协调双眼	● 提供平静、安宁和最少量的刺激，即与婴儿有关的人（照料者和其他儿童） ● 把婴儿放在安全的场所中，他们属于其中的一部分，但不能受到过多刺激
	情绪 / 社会性 ● 婴儿只能表达满意和不满的情绪 ● 不能将自己和外界区分开来 ● 可能会笑 ● 能进行目光接触 ● 看到人脸会平静下来 ● 被抱起来会有反应	● 对婴儿直呼其名 ● 鼓励婴儿关注照料任务 ● 回应婴儿所发出的信息，并确定他们的真正需求（要记住婴儿的不满并非总是因为饥饿） ● 婴儿需要固定的照料者以满足他们依恋的需求 ● 抱着婴儿喂奶 ● 让不同的婴儿进行接触 ● 成人不要过多干预，让婴儿依据自己的节奏自由发展

（续）

年龄水平	发展的领域	成人指导
出生后至3月龄	智力 ● 能够协调双眼，追踪移动的物体和面孔 ● 看到面孔或物体时会做出反应 ● 会吮吸或咀嚼嘴边的物品 ● 表现出的一些反射行为是感觉技能的开始，反之，它们又为智力的发展奠定了基础	● 让婴儿看面孔（尤其是主要照料者的），并让婴儿看、摸和啃物品 ● 不要把任何事物强加于婴儿身上 ● 让婴儿仰躺，便于他们看得更多，双耳可以听，还可以运用双手
	语言 ● 听 ● 哭 ● 对声音有反应	● 倾听婴儿 ● 努力找出婴儿哭闹的原因 ● 在照料婴儿时要对着他们讲话；告诉他们将会发生什么；并留出时间让他们反应；告诉他们正在发生什么

水平2：

年龄水平	发展的领域	成人指导
3至6月龄	**生理**	
	• 反射行为开始消失，能自发地控制四肢	• 定期地与婴儿坐在一起，并留心观察他们
	• 当被竖着抱时，能够抬头并很好地控制头部	• 及时回应婴儿的需求
	• 手部不再做出握持反射	• 不要让婴儿持续地受无关的噪音或谈话的干扰；娱乐并不必要
	• 会伸出双臂去够物，但双手仍握拳	• 允许婴儿通过看、吮吸、拽和伸手够等方式自由地探索外界
	• 会抡起手臂击打物品，但通常不能击中	
	情绪/社会性	
	• 表现出多种多样的感受并能用语音表达它们	• 因为婴儿需要发展一段基本的关系，因此要满足他们的依恋需求
	• 开始意识到手和脚是属于自己的，并探索它们；也会用手来探索自己的脸、眼睛和嘴	• 识别和尊重婴儿的感受：在照料婴儿时，与他们谈论他们当时可能想表达的感受
	• 开始识别主要的照料者	

（续）

年龄水平	发展的领域	成人指导
3至6月龄	● 对不同的人做出不同的反应 ● 会用咕咕声和呀呀学语声与人交流	
	智力	
	● 对看到的事物做出反应 ● 注意力比出生时更持久 ● 目光能够从一个物体转向另一个物体 ● 能够自己抓取物品并在一定程度上操控物品 ● 表现出记忆的征兆 ● 当听到声音时会寻找声源 ● 能够同时保持吮吸和目光注视，但是当听声音时会停止吮吸	● 为婴儿提供不同质地、形状和大小的物品，鼓励他们的探索欲和好奇心 ● 让婴儿仰躺在足够大的安全区域，允许他们自由、和平地探索周围环境 ● 鼓励婴儿间的互动

（续）

年龄水平	发展的领域	成人指导
3至6月龄	语言 ● 能用心地聆听 ● 能发出咕咕声、啜泣声、咯咯声等许多不用的声音 ● 通常哭得更少了 ● 自言自语以及与他人“交谈”（通常是照料者）	● 在照料婴儿时跟他们交谈；提前告诉他们将会发生什么 ● 回应婴儿的咿呀声，与婴儿玩声音游戏

水平 3：

年龄水平	发展的领域	成人指导
6至9月龄	**生理** • 能够控制头部 • 在仰躺和俯卧之间来回翻身 • 能够从一处移动到另一处 • 能够向前或向后匍匐爬行 • 翻身时几乎能坐起来 • 能用一只胳膊够物，并自如地抓握 • 能手持并操控物品 • 能用拇指和食指抓取物品，但并不熟练 • 双手间来回交换物品	• 将物品远离婴儿，目的是让他们想办法去拿 • 为婴儿提供更多的空间，并鼓励他们四处活动，把玩和抓取物品 • 让婴儿与其他婴儿互动 • 把婴儿放在他们能独立返回的位置
	情绪 / 社会性 • 表现出多样化的感受 • 开始意识到身体的各部分 • 能够看到自己和外界的差异 • 对名字有反应 • 有偏好的味道 • 开始有自己吃饭的意愿	• 在照顾婴儿时跟他们交谈；特别强调身体各部位的名称 • 直呼婴儿的名字 • 鼓励婴儿学习自理技能

（续）

年龄水平	发展的领域	成人指导
6至9月龄	• 对陌生人产生恐惧感 • 会向主要的照料者求助 • 喜欢与他人一起玩游戏（藏猫猫）	• 满足婴儿的依恋需求，当陌生人在场时，主要的照料者会给予婴儿安全感 • 与婴儿玩类似于藏猫猫的游戏
	智力	
	• 醒着时，听力很警觉 • 能识别熟悉的物品 • 能够看向并伸手够自己想要的物品 • 能够捡起并操控物品 • 会寻找掉到地上的物品 • 能够同时利用几种感官 • 记忆得到进一步发展	• 允许婴儿自由探索 • 定期改变或重新安排环境中的物品 • 让婴儿与其他婴儿互动
	语言	
	• 能够对不同的声调和语调做出反应 • 更有效地控制发声 • 能用不同的声音来表达感受 • 能够模仿语调和声调	• 对婴儿的交流做出回应 • 与婴儿交谈，特别是在照料他们时 • 在游戏时，如果时机合适，评论婴儿正在做的事情（注意不要打断游戏）

水平 4：

年龄水平	发展的领域	成人指导
9至11月龄	**生理** · 会爬 · 爬行时腿部比较僵硬 · 手持物品爬行 · 扶着家具站起来 · 独自站立 · 可能会或不会从站姿变为坐姿 · 能用拇指和食指轻松地捡起小物品 · 能探索和操控食指 · 发展手眼协调能力	· 观察那些能够站起来但是不能坐回去的婴儿；当他们遇到困难时要及时帮助他们 · 适时地帮助那些遇到困难的婴儿；鼓励他们解决问题，但不能代劳 · 提供开放的空间和安全爬行的机会 · 成人不要干涉婴儿的探索 · 鼓励婴儿运用自己的操作技能，如脱袜子、开门、拆卸嵌套玩具
	情绪 / 社会性 · 明显依恋主要照料者，产生分离焦虑 · 拒绝自己不想要（做）的事情 · 自己吃饼干 · 能手持杯子的手柄喝水	· 为婴儿提供机会，使其变得更自信 · 给婴儿解释他们的行为会给他人造成的影响

（续）

年龄水平	发展的领域	成人角色
9至11月龄	• 如果被要求表演，他们通常很愿意	• 为婴儿提供更多的机会来发展自理技能
	• 对他人的活动和情绪变得敏感且感兴趣	• 帮助婴儿表达分离恐惧感，接受这种情绪并帮他们应对这种情绪
	• 会捉弄别人	
	• 对事情有预期	• 满足婴儿对主要照料者的依恋需求
	智力	
	• 记着之前玩的游戏和玩具	• 提供充足的活动安排表，让婴儿逐渐对即将发生的事件顺序有所预期
	• 期待人们返回来	
	• 能够很专注，不希望被打扰	
	• 看着玩具被藏起来，他们会找出来	• 为婴儿创造机会，使其专注于某事时不受干扰
	• 喜欢把物品从容器中拿出来又放回去	• 鼓励婴儿解决问题
	• 能解决简单的操作问题	• 在婴儿真正需要帮助时再给予帮助
	• 对发现他们行为的结果很感兴趣	• 让婴儿自己去发现他们行为的结果，知道何时去做是安全的

（续）

年龄水平	发展的领域	成人角色
9至11月龄	语言 ● 关注对话 ● 对话语和自己的名字都能做出反应 ● 能执行简单的命令 ● 会说诸如“妈妈”“爸爸”等词语 ● 发声具备一定的语调 ● 能重复一长串的声音 ● 大声喊叫	● 做婴儿的好榜样（成人如实地表达情绪，既不缩小也不夸大） ● 让婴儿参与到对话中 ● 不要当面谈论孩子（在这一阶段这一点特别重要） ● 鼓励婴儿间的互动 ● 回应婴儿发出的声音 ● 鼓励他们说话 ● 问一些婴儿能做出反应的问题

水平 5：

年龄水平	发展的领域	成人指导
12月龄	**生理** ● 能独立站 ● 会走，但更喜欢爬 ● 能爬上爬下楼梯 ● 能同时用双手拿不同的物品 ● 能灵活地使用拇指 ● 能自己脱衣服、脱鞋	● 为儿童提供安全的、充分的活动 ● 不要刻意让儿童学步，让他们自行决定何时结束爬行
	情绪 / 社会性 ● 表现出多种情绪，并对他人的情绪做出反应 ● 害怕陌生人和新环境 ● 能表达喜爱之情 ● 能表达心境和偏好 ● 了解自己的所有物与他人的所有物之间的差异 ● 在帮助下能自己穿衣 ● 遵守命令 ● 会寻求成人的同意，但并不总是合作	● 同意儿童的某些行为 ● 设定合理的限制 ● 接受儿童的不合作行为，并将其视为儿童自我主张的标志 ● 给儿童选择权 ● 向儿童表达喜爱之情 ● 接受并帮助儿童应对恐惧感和挫败感

（续）

年龄水平	发展的领域	成人指导
12 月龄	**智力**	
	能很快找出藏起来的物品 记忆力提高 能有效地使用尝试错误的方法 探索解决问题的新方法 先思后行 能模仿不在场的人	鼓励他们发展自理技能 鼓励积极地解决问题 鼓励儿童间的互动 创设环境，使儿童能学会用新奇、复杂的方法来玩玩具和使用设备
	语言	
	理解词语代表哪种物品 发音开始像其父母所说的语言（使用同样的声音和声调） 使用手势来表达自己 能说 2~8 个词	与儿童一起游戏 唱歌、玩手指游戏 鼓励他们表达情绪 玩填词游戏，当儿童回答时能拓展他们的表达能力

（本表改编自《婴幼儿及其照料者》，[美] 珍妮特 · 冈萨雷斯－米纳等著，张和颐等译，商务印书馆，2016 年。）

附录二　宝宝成长档案

宝宝出生了

……时……分

你的名字：……

……给你起的名字

记录宝宝的成长点滴，留下美好的回忆！

名字的意义是……

乳　名：……

性　别：……

你出生时的

身　高：……　　体　重：……

头　围：……　　胸　围：……

血　型：……

父母心声

……

终于，你来到这个世界，和爸爸妈妈见面了！看到你那么健康，爸爸妈妈心里特别高兴！

爸爸妈妈的观察日记

……

我满月啦

年　　月　　日

记录人：

记录宝宝的成长点滴，
留下美好的回忆！

成长档案

身　高：　　　　体　重：

头　围：　　　　胸　围：

前　囟：　　　　后　囟：

睡　眠：白天　　　小时，晚上　　　小时

喂　养：吃奶量：

频　率：

大小便：

爸爸妈妈的观察日记

- 身体发展：
- 动作发展：
- 语言发展：
- 情绪发展：
- 社会性发展：

父母心声

我2个月啦

年______月______日

______

记录人：______

记录宝宝的成长点滴，
留下美好的回忆！

成长档案

身　高：______　体　重：______

头　围：______　胸　围：______

前　囟：______　后　囟：______

睡　眠：白天______小时，晚上______小时

喂　养：吃奶量：______

频　率：______

大小便：______

爸爸妈妈的观察日记

- 身体发展：______
- 动作发展：______
- 语言发展：______
- 情绪发展：______
- 社会性发展：______

父母心声

______

______

我3个月啦

年____月____日

记录人：____

记录宝宝的成长点滴，
留下美好的回忆！

成长档案

身　高：____　体　重：____

头　围：____　胸　围：____

前　囟：____　后　囟：____

睡　眠：白天____小时，晚上____小时

喂　养：吃奶量：____

频　率：____

大小便：____

爸爸妈妈的观察日记

- 身体发展：____
- 动作发展：____
- 语言发展：____
- 情绪发展：____
- 社会性发展：____

父母心声

____

____

我4个月啦

年 ______ 月 ______ 日

记录人：______

记录宝宝的成长点滴，留下美好的回忆！

成长档案

身　高：______　体　重：______

头　围：______　胸　围：______

前　囟：______

第一次翻身时间：______

睡　眠：白天 ______ 小时，晚上 ______ 小时

喂　养：吃奶量：______

频　率：______

大小便：______

爸爸妈妈的观察日记

- 身体发展：______
- 动作发展：______
- 语言发展：______
- 情绪发展：______
- 社会性发展：______

父母心声

______

______

我 5 个月啦

年______月______日

记录人：______

记录宝宝的成长点滴，
留下美好的回忆！

成长档案

身　高：______　体　重：______

头　围：______　胸　围：______

前　囟：______　牙　齿：______

睡　眠：白天______小时，晚上______小时

喂　养：吃奶量：______

频　率：______

大小便：______

爸爸妈妈的观察日记

- 身体发展：______
- 动作发展：______
- 语言发展：______
- 情绪发展：______
- 社会性发展：______

父母心声

______

______

我半岁啦 

______年______月______日

记录人：______

记录宝宝的成长点滴，
留下美好的回忆！

成长档案

身　高：______　　体　重：______

头　围：______　　胸　围：______

前　囟：______　　牙　齿：______

睡　眠：白天______小时，晚上______小时

喂　养：吃奶量：______

频　率：______

大小便：______

添加辅食时间：______

爸爸妈妈的观察日记

- 身体发展：______
- 动作发展：______
- 语言发展：______
- 情绪发展：______
- 社会性发展：______

父母心声

______

______

年　　月　　日

记录人：

记录宝宝的成长点滴，
留下美好的回忆！

我 7 个月啦

成长档案

身　高：　　　　体　重：

头　围：　　　　胸　围：

前　囟：　　　　牙　齿：

睡　眠：白天　　　小时，晚上　　　小时

喂　养：吃奶量：

频　率：

大小便：

辅　食：

爸爸妈妈的观察日记

- 身体发展：
- 动作发展：
- 语言发展：
- 情绪发展：
- 社会性发展：

父母心声

我 8 个月啦

年 月 日

记录人：

记录宝宝的成长点滴，
留下美好的回忆！

成长档案

身　高：________ 体　重：________

头　围：________ 胸　围：________

前　囟：________ 牙　齿：________

睡　眠：白天 ______ 小时，晚上 ______ 小时

喂　养：吃奶量：________

频　率：________

大小便：________

辅　食：________

爸爸妈妈的观察日记

- 身体发展：________
- 动作发展：________
- 语言发展：________
- 情绪发展：________
- 社会性发展：________

父母心声

____

____

我9个月啦

年 月 日

记录人：

记录宝宝的成长点滴，
留下美好的回忆！

成长档案

身　高：　　　　体　重：

头　围：　　　　胸　围：

前　囟：　　　　牙　齿：

睡　眠：白天　　　小时，晚上　　　小时

喂　养：吃奶量：

频　率：

大小便：

辅　食：

爸爸妈妈的观察日记

- 身体发展：
- 动作发展：
- 语言发展：
- 情绪发展：
- 社会性发展：

父母心声

我10个月啦

年　　月　　日

记录人：

记录宝宝的成长点滴，
留下美好的回忆！

成长档案

身　高：＿＿＿＿　体　重：＿＿＿＿

头　围：＿＿＿＿　胸　围：＿＿＿＿

前　囟：＿＿＿＿　牙　齿：＿＿＿＿

睡　眠：白天＿＿＿＿小时，晚上＿＿＿＿小时

喂　养：吃奶量：＿＿＿＿

频　率：＿＿＿＿

大小便：＿＿＿＿

辅　食：＿＿＿＿

爸爸妈妈的观察日记

- 身体发展：＿＿＿＿
- 动作发展：＿＿＿＿
- 语言发展：＿＿＿＿
- 情绪发展：＿＿＿＿
- 社会性发展：＿＿＿＿

父母心声

我11个月啦

年　　月　　日

记录人：

记录宝宝的成长点滴，留下美好的回忆！

成长档案

身　高：　　　　　体　重：

头　围：　　　　　胸　围：

前　囟：　　　　　牙　齿：

睡　眠：白天　　　小时，晚上　　　小时

喂　养：吃奶量：

频　率：

大小便：

辅　食：

爸爸妈妈的观察日记

身体发展：

动作发展：

语言发展：

情绪发展：

社会性发展：

父母心声

我一周岁啦

年　　月　　日

记录人：

记录宝宝的成长点滴，
留下美好的回忆！

成长档案

身　高：　　　　体　重：

头　围：　　　　胸　围：

前　囟：　　　　牙　齿：

睡　眠：白天　　小时，晚上　　小时

喂　养：吃奶量：

频　率：

大小便：

辅　食：

爸爸妈妈的观察日记

- 身体发展：
- 动作发展：
- 语言发展：
- 情绪发展：
- 社会性发展：

父母心声

后　记

历经两年的研发和改进，《N 岁孩子　N 岁父母》这套“家庭·家教·家风”教育丛书的第一辑 0～6 岁分册，终于在课题组和研究团队的共同努力下完成了，无尽的激动、喜悦、期待与感激萦绕在每一位参与者的心头。

“这套书就像我们的孩子一样！”这是团队成员在研发和编写的过程中最常吐露的心里话。之所以会有这样的感触，源于团队成员始终坚持并期待的研发目标——回归。

回归科学的发展规律。儿童的发展就像一颗种子，自孕育开始，就有着自身既定的成长轨道和方向，不会因为一味地给予、爱与自由而变得简单，也不会因为各种实验、测试、考察而变得复杂。我们只崇尚最客观、最关键的发展规律和特点，看到儿童发展的核心本质与真实状态，尊重每一个独特而美好的生命。

回归家庭的教育功能。家庭是生命之初的整个世界，它不会因为贫穷、简陋而变得冰冷难耐，也不会因为富有、奢华而发出万丈光辉。我们只坚持让孩子能够在稳定、积极、和睦的环境中成长，只要求父母的尊重、关怀、包容、引导，并以身作则，而无关金钱的投入、机构的熏陶。

回归日常的点滴生活。一只小虫足以让孩子兴奋一整天，一个故事足以让孩子畅游一段童年，孩子的一颦一笑、一举一动都是生活百态的滋养。我们只期待孩子能够在自然、有趣的游戏和陪伴中度过每一天，在生活中发现、探索、收获、成长，也期待家长朋友们能够从孩子的点滴变化中收获为人父母的惊喜与感动。

回归文化的自信与包容。活泼好动地到处探索或安静内敛地阅读绘画，对孩子来说，这都是他们独一无二的性格特征。同样，在万圣节身着奇装异服要糖果，或在新年张灯结彩地迎新春，对孩子来说，这些都是他们从未见过的节日景象。我们只希望在本土家庭中成长的孩子，既有着东方传统气韵的自信，又有着包容万象文化的胸怀。

希望这套丛书不仅可以成为家长们的育儿手册，还可以成为家长们的自我成长手册；不仅可以成为儿童教育养育的参考指南，还可以成为家庭教育本土化的探索与积累。

这套丛书是团队集体智慧的结晶。感谢中国教育科学研究院王晓燕助理研究员、著名编导田禾老师、西北师范大学的瞿婷婷博士、资深编辑李丹丹老师和家庭教育热心关注者李莉老师的倾心参与；感谢海淀区社区教育专家组成员、原北京市清河小学和中学校长、高级教师沈亚清老师对开发工作的细心指导；感谢北京城市学院蔡永芳博士、日本御茶水女子大学儿童学专业博士卢中洁提供的资料支持；感谢北京市燕山地区高级教师左玉霞、燕山地区幼儿园、北京师范大学幼儿园、空军装备研究院蓝天幼儿园对问卷、访谈等工作的高度支持；感谢参与调研的数百名家长朋友们的真实讲述；感谢课题组史篇、邹文馥、王颖、金菁等成员对材料、资源的搜集与整合；感谢现代教育出版社陈琦社长、李静主任、赵延芹编辑；感谢写作前期参与调研的 600 名家长和 100 名幼儿园老师。感谢为这套丛书的出版出谋划策的每一个人！

特别感谢甘肃忠恒集团的董事长房忠先生，给丛书的开发提供全面的支持，还要感谢北京师范大学文化创新与传播研究院的各位同仁，给了我默默的支持和帮助。

尤其幸运的是本丛书得到了北京师范大学家庭教育开创人赵忠心教授的推荐作序，还有北京师范大学著名儿童教育专家钱志亮老师对本书价值的大力肯定与隆重推荐。

最后感谢《N 岁孩子　N 岁父母》这套书的每一位阅读者！希望大家提出宝贵意见，我们会在适当的时候对丛书的内容进行修改，并相继推出第二辑（7 ～ 12 岁）、第三辑（13 ～ 18 岁）的指导手册。

希望家庭教育能够得到更多人的关注与支持，祝愿每个孩子都能健康、快乐地成长，每个家庭都能变得更加和睦、温馨！

尚立富

2017年3月15日